AF224503

NOTICE BIOGRAPHIQUE

SUR LE PÈRE

F. VERBIEST,

南 懷 仁

Missionnaire à la Chine.

PAR

L'ABBÉ C. CARTON,

CHEVALIER DE L'ORDRE DE LÉOPOLD.

DIRECTEUR DE L'INSTITUT DES SOURDS-MUETS ET DES AVEUGLES DE BRUGES,
PRÉSIDENT DE LA SOCIÉTÉ D'ÉMULATION POUR L'HISTOIRE
ET LES ANTIQUITÉS DE LA FLANDRE OCCIDENTALE.

BRUGES.

VANDECASTEELE-WERBROUCK.

1839

F. VERBIEST,
(Jesuite)
Né à Pithem le 9 Octobre en 1623.
Mort à Pekin en 1688.

NOTICE

BIOGRAPHIQUE

SUR LE

PÈRE FERDINAND VERBIEST,

(仁懷南)

MISSIONNAIRE A LA CHINE,

PAR

l'Abbé C. Carton,

CHEVALIER DE L'ORDRE DE LÉOPOLD,

DIRECTEUR DE L'INSTITUT DES SOURDS-MUETS ET DES AVEUGLES DE BRUGES,
PRÉSIDENT DE LA SOCIÉTÉ D'ÉMULATION POUR L'HISTOIRE
ET LES ANTIQUITÉS DE LA FLANDRE OCCIDENTALE.

———— ✳ ————

BRUGES.

VANDECASTEELE-WERBROUCK, IMPRIMEUR-LIBRAIRE,

1839

PRÉFACE.

Dans son discours d'ouverture des États-Provinciaux, le comte De Muelenaere, Gouverneur de la Flandre-occidentale, a proposé de porter annuellement au budget une certaine somme destinée à élever sur les places publiques de nos communes des monuments aux hommes qui ont illustré la Province par leurs vertus et leurs talents. Cette noble pensée est digne de l'administrateur qui l'a conçue, et l'exécution de son projet mérite le concours de tout bon citoyen. Ériger des monuments aux grands hommes, c'est provoquer l'imitation de leurs vertus; c'est exciter l'émulation des vivants, que d'honorer les morts. C'est ce qui m'a engagé à publier la vie du célèbre missionnaire VERBIEST. Mes Concitoyens jugeront sans doute que le souvenir de ce grand homme, la gloire de notre Commune, mérite d'être conservé par un monument plus digne et plus durable.

J'exprime ici toute ma reconnaissance aux amis de notre histoire qui m'ont généreusement secondé dans mes recherches. Ma tâche a été surtout facilitée par les nombreuses notes de feu M. Goethals-Vercruysse sur le P. Verbiest. C'est à la bienveillance de l'honorable M. Goethals-Danneel, que je dois cette communication, et je le prie d'accepter ici l'expression de mon estime particulière.

NOTICE BIOGRAPHIQUE

SUR LE

PÈRE FERDINAND VERBIEST,

（南 懷 仁）

MISSIONNAIRE A LA CHINE.

La mort empêcha saint François Xavier d'accomplir le désir qu'il avait de prêcher la foi à la Chine; mais expirant à la vue de cet empire où tendait son zèle insatiable, il avait formé des vœux efficaces pour le salut d'une nation si rénommée et si longtemps exclue du Royaume des Cieux. Trois hommes remplis de son esprit et des mêmes vertus puisées à la même source, les pères Ricci, Roger et Pazio, tous trois Italiens, résolurent de braver tous les périls, de s'ouvrir ce vaste

1

empire, et d'y prêcher la loi nouvelle. Ils s'appliquèrent donc d'abord à l'étude de la langue chinoise, l'une des plus difficiles du monde, et après avoir surmonté bien des obstacles, des dangers et des refus, ils obtinrent enfin, en 1583, la permission de s'établir à Canton.

Aussitôt Ricci, élève de Clavius et lui-même très-habile en mathématiques, composa une mappe-monde, dans laquelle il plaça le premier méridien à la Chine, pour se conformer au sentiment des astronomes chinois.

Deux ans après, il fit un second établissement à Nankin, où le nombre de ses admirateurs s'accrut beaucoup, par la manière dont il expliqua la figure de la terre, la cause des éclipses etc.

En 1600 il se rendit à Pékin, et il obtint de l'empereur Van-Liei la permission d'y résider. Il y fonda un établissement qui, au moyen des sciences européennes et surtout des mathématiques, est devenu dans la suite le soutien des missions de la Chine. Enfin, après avoir prêché l'Évangile à un grand nombre de Chinois, il termina, dans une église déjà florissante, une vie de cinquante-huit années, dont la moitié s'était consumée dans les travaux de l'apostolat.

Après sa mort le P. Adam Schall se fit connaître et estimer de l'empereur Tsong-Tching; mais ce monarque, assiégé dans Pékin par des rebelles et trahi par ses soldats, se donna la mort, craignant de tomber entre les mains de Ly, chef de la rebellion.

Les Chinois cependant appellèrent à leur secours le roi des Tartares, mais celui-ci, pour prix de ses victoires sur les usurpateurs, demanda le trône de l'empire, et l'obtint. Cum-Ti n'eut pas le temps de jouir de sa conquête, il mourut presque en montant sur le trône. Il commit à son frère A-Ma-Van la régence de l'état, avec l'éducation de son fils qui n'avait que six ans.

A-Ma-Van acheva d'éteindre les factions et de rétablir le calme dans les provinces, et se montra digne du choix par son courage, sa prudence, mais surtout par sa générosité et son désintéressement; car pouvant retenir pour lui le plus grand empire de l'univers, il le remit entre les mains de son neveu Xun-Chi, dès que le jeune prince eut atteint l'âge de gouverner.

Au milieu de ces révolutions, on crut tout perdu pour la religion : mais le ciel fait prospérer ses ouvrages, quand toutes les ressources humaines sont épuisées.

Xun-Chi eut la plus grande estime pour le P. Schall : non content de le nommer président du tribunal des mathématiques, il favorisa beaucoup les chrétiens en sa considération; il leur permit de bâtir des églises, de prêcher partout l'Évangile, et par une grâce insigne, il accorda à ce père le libre recours au souverain pour tout ce qui regardait les missions, sans être assujetti aux formalités des tribunaux qui ne leur étaient pas favorables.

La faveur dont jouissait le père Adam Schall, contribua immensément à la propagation de l'Évangile. Plusieurs personnes de première qualité embrassèrent le christianisme à Pékin et dans les provinces. La moisson devint si abondante, qu'elle n'eut plus aucune proportion avec le nombre des missionnaires. Le P. Martin Martini fut en conséquence envoyé à Rome, afin de chercher des ouvriers évangéliques, et fut assez heureux pour en trouver un grand nombre, avec lesquels il partit pour la Chine. De ce nombre était le Père Ferdinand Verbiest, dont je vais décrire la vie.

Ferdinand Verbiest naquit à Pitthem, le 9 octobre

1625, et y fut baptisé le 18 du même mois (1). Il eut pour père Josse Verbiest, échevin de la châtellenie de Courtrai, bailli et receveur de la commune de Pitthem et de Coolscamp. Sa mère se nommait Anne Van Hecke.

Il commença ses humanités à Bruges, et après avoir achevé les quatre dernières classes chez les révérends pères jésuites à Courtrai, il alla faire son cours de philosophie à Louvain ; mais, désirant s'appliquer entièrement à son salut, il se présenta chez les jésuites à Louvain, y fut admis le 2 septembre 1641, et entra le 29 au noviciat à Malines.

La Providence qui avait choisi le P. Verbiest pour les travaux d'une des plus importantes missions du monde, lui donna les qualités naturelles que demande une pareille vocation. Il avait le corps robuste, la complexion vive et ardente, beaucoup de génie, et un cœur intrépide. Il s'était rendu, sous la direction du père André Tacquet, très-habile en mathématiques, unique moyen d'entrer dans le royaume de la Chine.

Avant d'entreprendre sa mission, il passa sa vie dans la prière et l'étude, et de ces années, aucun détail ne nous est parvenu. On sait seulement qu'il visita Rome, et que, avant son départ, sa famille fit faire son portrait, qui se retrouve à présent dans la collection de feu M. Goethals-Vercruysse. J'ai fait lithographier, d'après cet original, le portrait qui se trouve à la tête de cette notice. Ce portrait a été toujours conservé avec un soin par-

---

(1) Extrait du registre des baptêmes de Pitthem et d'un livre (voir les pièces justificatives) dans lequel les novices de la société de Jésus écrivaient leurs noms et les particularités qui les concernaient et que possédait encore en 1816, le P. Corn. Geerts, jésuite à Anvers.

ticulier par le plus âgé de la famille ; il en existe une copie dans le cabinet de M. Van Huerne de Puyenbeke
et une autre à Pitthem chez M. Pattyn.

La famille de Verbiest a totalement quitté Pitthem,
et il n'y existe plus aucun souvenir populaire, ni sur
la maison ou est né notre célèbre missionnaire, ni sur
le caractère moral des Verbiest.

Cette famille cependant avait été très-honorable et
distinguée dans la commune. Josse Verbiest, le père
de Ferdinand, est le seul que j'ai rencontré dans le
registre des baptisés de Pitthem, qualifié de *Dominus
Judocus*.

Il y a chez les RR. PP. Recollets de Thielt un livre
en parchemin dans lequel on annotait le jour de décès
des frères et des bienfaiteurs du couvent (1). Josse
Verbiest s'y trouve inscrit à la date du 19 février 1651,
jour de sa mort, comme un ami et un protecteur
distingué du couvent. La mère de Ferdinand mourut
le 13 novembre 1665 et elle s'y trouve désignée comme
une bienfaitrice remarquable des Recollets. On y dit de
la sœur aînée de Verbiest, morte le 4 octobre 1668,
qu'elle était très-devouée à cet ordre et très-pieuse.

---

(1) *Capitularis regularis Defunctorum Patrum, Fratrum, Benefac-
torum conventûs Tiletani, Conditi* 1624.

Februarii (mense) 19, *anno Domini* 1651, *obiit in Pitthem Dnus
Judocus Verbiest singularis fratrum et ordinis amicus et fautor.*

Novembris 13, *obiit in Pitthem Domicella Anna Van Hecke uxor
Dni Judoci Verbiest in vitâ singularis fratrum benefactrix. Anno* 1661.

Octobris 4 1678, *ipso festo sanctissimi Patres nostri Francisci cui
devota extitit et ordini Seraphico nostro addictissima, obiit in Pitthem
Domicella Jacoba Verbiest, uxor Dni Joannis Lust, singularis benefactrix.*

Anne, l'autre sœur du père Ferdinand , devint religieuse à l'hôpital de Notre-Dame , à Courtrai. Elle y reçut la profession religieuse le 12 février 1658 et mourut le 21 février 1681. Jean-Baptiste, le frère aîné de notre missionnaire alla s'établir à Alost et fut nommé échevin de la ville. Un de ses enfants s'établit ensuite à Anvers. Albert, le second frère de Ferdinand, devint avocat au conseil de Flandre.

La constance du P. Verbiest ayant été duement éprouvée, il fut enfin selon ses vœux envoyé en Chine. Il s'embarqua au commencement de 1657 à Lisbonne avec le vice-roi des Indes , Don Antoine Telles Menezes, comte de Villa Pouca, et trente-six autres missionnaires.

Voici ce qui arriva au père Verbiest et qu'il raconte lui-même dans une lettre du 15 août 1678. « Nous rencontrâmes audessus de Cadix quelques vaisseaux anglais, où il y avait un ministre protestant de la nation qui nous vint voir à notre bord. Ayant appris que nous allions à la Chine , il se tourna de mon coté et m'interrogeant en méchant latin : *Papa dat vobis aliquid?* Le pape, me dit-il, vous donne quelque chose pour ce voyage. Comme je lui eus répondu que nous ne demandions rien au pape et qu'il ne nous donnait rien , il s'écria aussitôt tout surpris et avec la même élégance : *Bene stulti estis vos;* vous êtes bien fous vous autres : pour nous faire entendre que c'était une grande folie à nous d'entreprendre une aussi longue navigation et de nous exposer à tant de périls sans aucune récompense. Après cela nous nous séparames.

La navigation fut très-laborieuse. Le vice-roi mourut le 8 d'août, et sept jésuites subirent le même sort. Enfin on arriva à Macao en 1659.

L'empereur Xun-Chi, à la sollicitation du père Schall

qui l'avait informé que le P. Martini était arrivé d'Europe avec plusieurs missionnaires, leur fit expédier des lettres patentes par lesquelles il les invita à venir à la cour, avec ordre aux Mandarins de les pourvoir de barques et de toutes les choses nécessaires au voyage. Ils étaient au nombre de dix : les PP. André Ferran, Portugais; Jean-Dominique Gabiani, Piémontais; Prosper Intorcetta, Sicilien; Stanislas Torrenti, Romain; Albert Dorville, Philippe Couplet, François de Rougemont et le père Verbiest, tous les quatre Belges. Verbiest fut d'abord destiné à la province de Chen-Si, et y travailla avec le père François de Ferrare, pendant dix mois.

Dans une lettre du 27 juillet 1661, le P. Rougemont parle du zèle avec lequel le P. Verbiest parcourut les montagnes de la province de Chen-Si, où il y avait une nombreuse chrétienté : il y travaillait au salut des âmes, dit-il, avec joie et bonheur, content de son sort et ne pensant qu'à étendre le royaume du Christ.

Ce fut à son entrée en Chine que le P. Verbiest s'était choisi le nom chinois Nan-Hoai-Jin (仁懷南). Je dois à l'obligeance du célèbre professeur de langue chinoise, M. Stanislas Julien, l'interprétation de ce nom. Il doit être divisé en deux. La première syllabe *Nan* (*vulgo* le midi) est ici purement phonétique, elle répond à la dernière syllabe du mot Ferdi*nan*d et servit de petit nom au missionnaire. Chez les Chinois, le petit nom, ou nom d'enfant (*Ming*) qui est ordinairement monosyllabique, précède toujours le titre qu'on a reçu ou qu'on se donne soi-même. Les syllabes *Hoai-Jin* signifient *corde fovens*, (*Hoai*) *humanitatem* (*Jin*). Comme si l'on disait M. *Nan* (Ferdinand) *doué d'humanité*.

Cependant le P. Schall, afin de se soulager dans les infirmités de son âge, voulut s'associer quelqu'un pour l'aider dans l'emploi de président du tribunal des mathématiques, et il proposa le P. Verbiest.

L'empereur expédia aussitôt des lettres patentes fort honorables, et il voulut que le voyage du père se fît avec pompe. Verbiest jugea que son ministère souffrirait d'une apparente abjection, et en homme appréciant parfaitement sa position, et voulant se faire tout à tous, il menagea les préjugés de ceux dont il voulait gagner la confiance. Il se laissa donc porter dans une litière par des mules. Il partit le 9 mai 1660 de Sin-Gam-Fu, précédé d'une vingtaine de cavaliers et escorté par un nombre considérable de chrétiens. Les gouverneurs de chaque ville lui députèrent, jusque sur les limites de leur gouvernement, huit ou dix cavaliers, qui, à son approche, descendirent de cheval, s'inclinèrent profondément avec leurs bannières jusqu'à toucher la terre de leur front, puis se remirent en marche pour le conduire par la ville. Là, il fut salué par une salve de trois pièces de canon, les gouverneurs eux-mêmes, ou un de leurs premiers Mandarins vinrent le complimenter aux portes de la ville et le menèrent ensuite au palais des princes. Il passa ainsi par trente-cinq villes, jusqu'à ce que, après un voyage d'un mois, il arriva à Pékin, le 9 juin 1660.

Aussitôt que l'Empereur fut informé de l'arrivée du P. Verbiest, il envoya féliciter le P. Adam Schall. Xun-Chi estima beaucoup ce père et il favorisait les chrétiens en sa considération.

Le P. Verbiest gagna bientôt l'amitié du P. Schall et toute son estime. « Il plaît au P. Schall, écrivit, dans sa lettre déjà citée, le P. Rougemont, d'une manière particulière , tant à cause de ses vertus et surtout de sa prudence , qu'à cause de sa profonde connaissance des sciences mathématiques. Il soigne les intérêts de la religion avec tant de succès, dit-il encore , que le P. Schall m'a dernièrement écrit qu'il espère que la chrétienté de Pékin deviendra bientôt une des plus nombreuses.

La mission promettait des fruits immenses sous le règne de Xun-Chi; mais victime aussi bien qu'esclave de ses honteuses passions , il mourut le 6 février 1661, à l'âge de 24 ans.

Le P. Adam Schall , qu'il voulut voir encore avant sa mort, et qu'il combla de témoignages accoutumés de confiance et de bienveillance , n'en rapporta d'autre fruit que la douleur de n'avoir pu lui inspirer d'autres sentiments.

Cam-Hi son second fils , âgé seulement de huit ans, lui succéda sous la tutelle de quatre Mandarins, tous ennemis du Christianisme. Un temps de minorité donne souvent lieu à des embarras, aussi la religion eut-elle tout à craindre et elle se vit à deux doigts de sa perte.

Quatre ans passèrent cependant sans que les régents, quoique implacables ennemis de la religion, parussent, ou la persécuter ouvertement, ou la protéger. Mais enfin , il s'éleva une persécution générale.

Ce fut un astronome mahométan nommé Yang-Quan-Sien qui en fut l'instrument. Il publia un Mémoire, et présenta une Dénonciation, qui étaient remplis de blasphèmes contre la religion et de calomnies contre les missionnaires, et il le fit avec d'autant plus de hardiesse que le P. Adam Schall était hors d'état de se défendre, une paralysie soudaine lui ayant ôté l'usage de la langue et des mains. Il les accusa de fausse doctrine, d'ignorance en fait d'astronomie et de conspiration contre l'état.

Cette dénonciation fit sur l'esprit des quatre Mandarins régents toute l'impression que le perfide lettré s'était promis. Les missionnaires furent emprisonnés le 12 novembre 1664, de la manière la plus ignominieuse.

Rien n'était plus touchant que de voir le P. Schall, ce vénérable vieillard, âgé de 75 ans, peu auparavant l'oracle de la cour et l'ami de l'Empereur, à genoux comme un criminel, abattu sous le poids de ses années et de ses infirmités, et réduit à ne pouvoir parler.

Le P. Verbiest prit sa défense dans l'espoir d'attirer sur sa tête tout l'orage, et répondit d'une manière si généreuse, que les juges eux-mêmes ne purent s'empêcher d'applaudir à son héroïque charité, et que le calomniateur allait être confondu, si la résolution n'eut pas été prise d'exterminer le Christianisme. Ce même jour on les chargea de neuf chaînes, à l'exception du P. Adam, qui n'avait pas encore été privé de ses dignités. L'âge plus florissant du P. Verbiest lui mérita les plus longues et les plus grosses. On les conduisit aux prisons des tribunaux, chacun sous la garde de dix soldats. Contraints par le poids de leurs chaînes, dont les extrémités étaient attachées à un tronc, de se tenir presque toujours couchés, empêchés, par les clameurs et la pétulance d'une vile soldatesque, de prendre le repos nécessaire, ils y eurent beaucoup à souffrir. On les reconduisit plusieurs fois, dans cet horrible appareil, devant le tribunal. Ce fut dans une de ces comparutions que le P. Dominique Coronatus, de l'ordre de St-Dominique, rencontra le P. Adam et le P. Verbiest à l'entrée du tribunal. A peine le dominicain eut-il reconnu les jésuites chargés de fers, qu'il se jeta par terre et qu'il embrassa avec la plus profonde expression de vénération, les chaînes qu'ils portèrent si dignement pour confesser le nom de Jésus. Enfin le 4 janvier 1665, ils furent déclarés coupables et la religion chrétienne fut proscrite comme fausse et pernicieuse.

C'est le tribunal des rites qui déclare le crime, mais c'est à un tribunal criminel à désigner le genre de supplice. La sentence est ensuite présentée à l'Empereur qui d'ordinaire en adoucit la rigueur.

A ce tribunal criminel les questions recommencèrent. Ce fut un spectacle digne d'admiration que de voir le P. Verbiest pérorant sous le bruit de ses chaînes, pour défendre son ami et pour démontrer la sainteté de la Loi chrétienne. Mais les raisons les plus convaincantes ne sont guères écoutées par des juges que la haine et les passions animent. Ils condamnèrent le 15 avril 1665, le P. Adam à être étranglé, ce qui est parmi les Chinois un genre de mort moins infâme : mais ensuite comme s'ils se fussent repentis de l'avoir trop favorablement traité, ils revoquèrent cet arrêt et le condamnèrent au supplice le plus cruel et le plus honteux, à être coupé vif en mille morceaux. On envoya cette sentence aux régents et aux princes du sang pour être confirmée. Cette peine n'est pas très-usitée et elle est très-cruelle. On coupe par morceaux le corps en commençant par les extrémités, et on étanche aussitôt le sang avec de la chaux vive et un fer brûlant.

Il y en eut plusieurs, dit le P. Rougemont (1) qui prétendirent que le P. Verbiest n'était pas moins coupable que le P. Adam et qu'il méritait d'être condamné

____

(1) *Historia Tartaro-Sinica*, *Lovanii* 1673, p. 265.

à la même peine. On revint ensuite à d'autres sentiments et il fut comme les autres condamné à être fouetté et mené en exil dans la Tartarie. Après cette sentence un horrible tremblement de terre jeta, le 16 avril, tout Pékin dans la consternation : aussitôt d'après la coutume des Chinois on ouvrit les portes des prisons aux criminels détenus, mais on y retint les jésuites. Comme le tremblement se renouvella peu après avec plus d'intensité, le P. Adam avec ses compagnons reçut la permission de retourner dans sa maison. Toutefois la sentence ignominieuse, qui avait été prononcée contre lui, ne fut pas révoquée; dans cet état de flétrissure qu'il regarda comme son plus beau titre de gloire, il mourut le 15 d'août 1665 à l'âge de 76 ans accomplis, plus usé encore par les traitements barbares, qu'il avait soufferts, que par les quarante-sept ans de travaux apostoliques. Les autres missionnaires furent exilés, au mois de septembre, à Canton, mais on en retint quatre à Pékin par une disposition marquée de la Providence, qui voulait s'en servir pour rendre à la religion son premier éclat : de ce nombre fut le père Verbiest.

Les trois pères reçurent leur maison et leur temple pour prison et y restèrent pendant quatre ans. Dieu à la fin se servit de celui-là même, qui avait été la cause de cette inique sentence et de l'exil des missionnaires, pour relever la gloire de la religion.

Yang-Quang-Sien, l'instrument de cette persécution s'était revêtu des dépouilles du père Schall et lui avait succédé dans la présidence du tribunal des mathématiques; il fut en cette qualité chargé de la confection du calendrier. Les Chinois divisent leur année en mois lunaires. L'année commence par la nouvelle lune la plus proche de février, et des douze signes du zodiaque, celui des poissons est le premier. Mais les lunaisons ne cadrent pas toujours avec ces signes, il a donc souvent besoin de lunaisons intercalaires.

Comme les tables astronomiques des Chinois sont très imparfaites, il s'était glissé des erreurs si considérables dans les calendriers de Yang-Quang-Sien, que les Chinois se virent dans la nécessité de recourir aux missionnaires. Il faut observer ici que la publication des calendriers est une affaire capitale. Rien ne se publie avec plus de solennité. L'Empereur lui-même distribue les premiers à toute sa cour. Les princes du sang, les Ko-La-O le reçoivent à genoux, et ce qui paraîtrait incroyable, si le P. Verbiest ne l'attestait dans une de ses lettres (1), c'est que parmi tant de millions d'hommes, à peine se trouve-t-il une seule famille qui n'achète tous les ans le nouveau calendrier.

L'Empereur Cam-Hi qui était alors très-jeune et dans la septième année de son règne, ayant connu les doutes qu'on avait sur la justesse du calendrier, envoya aux jésuites restés à Pékin quatre Ko-La-Os ou ministres de l'empire, pour demander s'il ne s'était pas glissé quelques erreurs dans le calendrier de l'année présente et dans celui qui paraissait déjà pour l'année d'après. Le père Verbiest répondit que les calendriers étaient remplis d'erreurs, et il fit remarquer surtout, qu'on avait donné à l'année suivante treize mois, tandis qu'il n'en fallait que douze.

Les Mandarins instruits d'une erreur si grossière et de plusieurs autres fautes du calendrier, allèrent aussitôt en rendre compte à l'Empereur. Cam-Hi en

----

(1) Lettre du 15 avril 1678.

fut si frappé, que, dès le lendemain, il se fit emmener les missionnaires au palais.

A l'heure marquée Verbiest et ses deux confrères y parurent et ils furent conduits dans la grande salle, où tous les Mandarins du tribunal astronomique étaient assemblés, et ce fut en leur présence que le P. Verbiest découvrit les erreurs du calendrier.

Le jeune Empereur, qui n'avait jamais vu les missionnaires, donna ordre qu'ils fussent introduits dans ses appartements, avec tous les Mandarins du tribunal astronomique. Ce prince fit placer le P. Verbiest vis-à-vis de lui et prenant un air gracieux : « Est-il vrai, lui » dit-il, que vous puissiez nous faire connaître évidem- » ment si le calendrier s'accorde avec le ciel ? » Verbiest répondit que la démonstration n'en était pas difficile; que les instruments de l'observatoire avaient pour but d'épargner les embarras des longues méthodes aux personnes occupées des affaires de l'état, et de leur montrer en un instant l'harmonie des calculs avec l'état du ciel. Si votre Majesté, continua le missionnaire, désire en avoir l'expérience, qu'il lui plaise de faire placer dans une des cours du palais, un style, une chaise ou une table, je calculerai sur-le-champ, la proportion de l'ombre à toute heure proposée. Par la longueur de l'ombre, il me sera aisé de déterminer la hauteur du soleil et de conclure de sa hauteur, quelle est sa place dans le zodiaque. Ensuite on jugera sans peine, si c'est la véritable place qui se trouve marquée pour chaque jour dans le calendrier. Cette proposition plut à l'Empereur, mais foudroya les Mandarins. Cam-Hi ayant observé leur embarras, demanda aux Mandarins s'ils entendaient cette manière de calculer et s'ils étaient capables de former des pronostics sur la seule longueur de l'ombre.

Le mahométan Yang-Quang-Sien répondit avec beaucoup de hardiesse qu'il comprenait cette méthode et
qu'elle était une règle sûre pour distinguer la vérité;
il ajouta qu'il ne convenait nullement à la grandeur de
l'empire chinois que sa Majesté se servit des sciences,
ou des hommes de l'Europe, et se prévalant de la
patience avec laquelle il était écouté, il s'emporta sans
ménagement contre le Christianisme.

L'Empereur changea de contenance, et lui dit : « Je
» vous ai déjà déclaré que le passé doit être oublié
» et qu'il faut penser uniquement à régler l'astronomie.
» Comment êtes-vous assez hardi pour tenir ce langage
» en ma présence? ne m'avez-vous pas sollicité vous-
» même, par divers placets, de faire chercher d'habiles
» astronomes dans toutes les parties de l'Empire? on en
» cherche depuis quatre ans, sans en avoir pu trouver;
» Ferdinand Verbiest, qui entend parfaitement les mathé-
» matiques, était ici, et vous ne m'avez jamais parlé de
» son savoir; je vois que vous ne consultez que vos pré-
» ventions et que vous n'en usez pas de bonne foi. » Ensuite
Sa Majesté reprenant un air riant, fit plusieurs questions
au missionnaire sur l'astronomie, et donna ordre au
Ko-La-O et à d'autres Mandarins de déterminer la longueur du style, pour le calcul de l'ombre.

Comme il s'agissait de commencer l'opération dans le
palais même, l'astronome mahométan prit le parti d'avouer
qu'il ne connaissait pas la méthode du P. Verbiest.
L'Empereur en fut informé, et dans le ressentiment causé
par tant d'impudence, il aurait fait punir sur le champ
cet imposteur, s'il n'eut jugé plus à propos de remettre
son châtiment jusqu'après l'expérience des mission-
-naires, pour le convaincre même aux yeux de ses
protecteurs. Il ordonna au missionnaire de faire son

opération à part, pendant le reste du jour, et aux Ko-La-O, il dit de se rendre le lendemain à l'observatoire pour remarquer la longueur de l'ombre, à l'heure précise de midi.

Il y avait à l'observatoire un pilier carré de cuivre, de 8 pieds et 5 pouces de hauteur, élevé sur une table de même métal, longue de 18 pieds et large de deux, sur un pouce d'épaisseur. De la base du pilier, cette table était divisée en 17 pieds, chaque pied en dix pouces, et chaque pouce en dix minutes. Autour des bords était un petit canal, creusé dans le cuivre, large d'un demi pouce sur la même profondeur, et rempli d'eau, pour assurer à la table une position parallèle. On s'était servi anciennement de cette machine pour déterminer les ombres méridiennes : mais le pilier s'était courbé, et sa position ne formait plus d'angles droits avec la table.

La longueur du style ayant été fixée à huit pieds, quatre pouces et neuf minutes, Verbiest attacha une planche unie parallèle avec l'horison, précisément à la hauteur déterminée, et par le moyen d'un perpendiculaire qu'il laissa tomber de la planche sur la table, il marqua le point d'où il devait commencer à compter la longueur de l'ombre, qui, suivant son calcul, devait être le jour voulu, de seize pieds, six minutes et demie. Le soleil approchait alors du solstice d'hiver, et par conséquent les ombres étaient plus longues que dans aucun autre temps de l'année. Une foule considérable assiégea pour ainsi dire l'observatoire, et le nombre de Mandarins venus pour constater le résultat de l'expérience était immense, tellement l'affaire leur paraissait importante. Le soleil ne manqua point, à l'heure marquée, de tomber sur la ligne transversale que le missionnaire avait tracée sur la table, pour marquer l'extrémité de l'ombre. Tous les Mandarins en parurent extrêmement surpris.

L'Empereur ayant pris beaucoup de plaisir au récit qu'on lui fit de ce détail, ordonna que l'expérience serait recommencée le jour suivant, dans la grande cour du palais. Il assigna deux pieds, deux pouces pour la longueur du style. Verbiest ayant préparé deux planches, l'une plate et divisée en pieds et en pouces, l'autre perpendiculaire, pour servir de style, porta le lendemain cette machine au palais. Tous les Mandarins qui s'y étaient assemblés, voyant que l'ombre, dont la longueur avait été marquée de quatre pieds, trois pouces, quatre minutes et demie sur la planche horizontale, paraissait fort longue, parce qu'elle n'avait pas encore atteint à la planche et qu'elle tombait d'un côté sur le plancher, se mirent à rire en s'entretenant ensemble, dans l'opinion que le missionnaire avait commis quelque erreur. Mais un peu avant midi, l'ombre étant arrivée à la planche, se raccourcit tout d'un coup et paraissant près de la ligne transversale, tomba précisément sur l'heure. Alors il fut impossible aux Mandarins de cacher leur étonnement. Un Ko-La-O s'écria : « Nous avons ici un grand homme. » Les autres ne prononcèrent pas un mot, mais depuis ce moment ils conçurent une jalousie implacable contre le missionnaire. Cependant on informa l'Empereur du succès de l'observation, en lui présentant la machine, qu'il reçut fort gracieusement. Comme une affaire de cette importance ne pouvait être pesée avec trop de soin, il souhaita que l'expérience fut renouvellée pour la troisième fois sur la tour astronomique. Verbiest la fit avec tant de succès, que ses ennemis mêmes, qui avaient assisté à toutes les opérations par ordre de l'empereur, ne purent se dispenser de lui rendre justice et de louer la méthode européenne.

L'astronome mahométan n'avait d'autre connaissance du ciel que celle qu'il avait puisée dans quelques vieilles tables arabes. Il les suivait sur divers points; mais depuis plus d'un an, il s'était employé à la correction du calendrier, par commission des régents de l'empire, et c'était d'après ses principes qu'il avait composé, ce calendrier en deux volumes pour l'année suivante qui avait été présenté à l'Empereur. Le P. Verbiest, reçut officiellement ordre de l'examiner. Il n'était pas difficile d'y découvrir un grand nombre de fautes. Outre le défaut d'ordre et quantité d'erreurs dans le calcul, Verbiest le trouva rempli de contradictions manifestes. C'était un mélange d'idées chinoises et arabes, de sorte qu'on pouvait le nommer indifféremment calendrier de la Chine ou d'Arabie. Le missionnaire ayant fait un recueil des fautes les plus grossières de chaque mois, par rapport aux mouvements des planètes, les écrivit au bas d'un placet, qu'il fit présenter à l'Empereur. Aussitôt, comme s'il eut été question du salut de l'empire, ce prince convoqua l'assemblée générale de tous les Princes, des Mandarins de la première classe et des principaux officiers de tous les ordres et de tous les tribunaux de l'empire. Il y envoya le placet du père Verbiest, afin que chacun put donner son avis sur le parti qu'il convenait de prendre dans une si grande occasion.

Les régents que le père de l'Empereur avait nommés avant sa mort, lui étaient odieux depuis longtemps; ils avaient condamné l'astronomie de l'Europe et protégé les astronomes chinois. Sa majesté, de l'avis de quelques-uns de ses principaux confidents, voulait prendre cette occasion pour annuller tous les actes des régents, et c'était dans cette vue qu'il avait donné toute la solennité possible à cette assemblée. On y lut le placet du P. Verbiest. Après de longues délibérations sur cette lecture, les Seigneurs et les principaux membres du conseil déclarèrent unanimement que la correction du calendrier était une affaire importante et que l'astronomie étant une science difficile, dont peu de personnes avaient connaissance, il était nécessaire d'examiner publiquement, avec les instruments de l'observatoire, les fautes que l'astronome européen avait rélevées dans son mémoire. Ce décret ayant été confirmé par l'Empereur, Verbiest et l'astronome mahométan reçurent l'ordre de se préparer sans délai pour les observations du soleil et des planètes et de mettre par écrit la méthode qu'ils emploieraient dans cette opération. Le missionnaire obéit volontiers et présenta ses explications aux Mandarins du tribunal des rites.

La première observation devant se faire le jour que le soleil entre au 15e degré du verseau, un grand quart de cercle, que Verbiest avait placé depuis dix-huit jours, scellé de son sceau, sur le méridien, montra la hauteur du soleil pour ce jour, et la minute de l'écliptique où il devait arriver avant midi. En effet, le soleil tomba précisément sur le lieu indiqué, tandisqu'un *sextant* de six pieds de rayons, placé à la hauteur de l'équateur, fit voir la déclinaison de cet astre. Quinze jours après, Verbiest eut le même succès, en observant avec les mêmes instruments, l'entrée du soleil dans le signe des poissons. Cette observation était nécessaire pour déterminer si le mois intercalaire devait être retranché du calendrier, et l'expérience du P. Verbiest en prouva clairement la nécessité.

A l'égard des autres planètes dont les places devaient être observées pendant la nuit, Verbiest calcula leur distance des étoiles fixes, et marqua plusieurs jours d'avance sur un planisphère, en présence de plusieurs Mandarins, ces distances, à l'heure fixée par l'Empereur. Le temps annoncé pour l'observation étant arrivé, il fit porter ses instruments à l'observatoire, où les Mandarins s'étaient assemblés en fort grand nombre. Là, tous les spectateurs furent convaincus, par la justesse des opérations, que les calendriers de l'astronome arabe étaient remplis d'erreurs. L'Empereur informé de ce résultat, voulut que l'affaire fut examinée dans son conseil; mais les astronomes Yang-Quang-Sien et U-Ming-Huen, dont les calendriers avaient été censurés, obtinrent contre l'usage, la permission d'y assister, et par leurs artifices ils trouvèrent le moyen de partager les suffrages de l'assemblée. Les Mandarins qui étaient à la tête du conseil ne purent supporter que l'astronomie chinoise fut abolie pour faire place à celle de l'Europe; ils soutinrent que la dignité de l'Empire ne permettait pas des altérations de cette nature et qu'il valait mieux conserver les anciennes méthodes avec leurs défauts, que d'en introduire de nouvelles, surtout lorsqu'il fallait les recevoir des étrangers. Ils firent honneur aux deux astronomes chinois du zèle qu'ils témoignèrent pour la gloire de leur patrie, et les érigèrent en défenseurs de leurs ancêtres. Mais les Mandarins Tartares embrassèrent l'avis opposé, et s'attachèrent à celui de l'Empereur qui était favorable au P. Verbiest. La chaleur fut extrême entre les deux partis; enfin l'astronome Yang-Quang-Sien, qui avait gagné les ministres d'état et qui se reposait sur leur protection, eut la hardiesse de tenir ce discours aux Tartares.:

« Si vous donnez l'avantage à Verbiest en recevant l'astronomie qu'il vous apporte de l'Europe, soyez sûrs que l'empire des Tartares ne sera pas de longue durée à la Chine. » Une déclaration aussi téméraire excita l'indignation de tous les Mandarins Tartares. Ils en informèrent sur-le-champ l'Empereur qui ordonna que le coupable fut chargé de fers et conduit à la prison publique.

Cet événement confirma le triomphe du P. Verbiest. Toutes ces épreuves ne supposaient sans doute que des notions exactes des principes de l'astronomie, mais j'ai cru devoir les rapporter, d'abord, parce qu'elles montrent l'état de la science dans cet Empire, et ensuite parce que l'exactitude de ces expériences et la fidélité des calculs du P. Verbiest eurent pour la mission les conséquences les plus heureuses.

On se formerait très-difficilement une idée de l'influence que toute cette affaire exerça sur cette nation vaine et orgueilleuse, dit le P. Verbiest (1). Malgré elle, elle ne pouvait s'empêcher de dire : Si l'astronomie de ces Européens, qu'ils n'étudient que pour se délasser l'esprit et que, d'après leurs aveux, ils ne mettent qu'à la seconde place, répond si exactement à la raison et au ciel, comment donc la religion qu'ils professent avec tant de zèle, et qu'ils sont venus prêcher de l'autre bout du monde, ne serait-elle pas conforme à la raison.

L'astronomie est de toutes les sciences celle qui plait davantage aux Chinois, cette science et les autres parties des mathématiques les plus curieuses, comme l'optique, la mécanique avec ses expériences et ses secrets

---

(1) *Astronomia perpetua,* p. 20.

forment les belles-lettres en Chine, et y fleurissent. Ces sciences entrent dans les palais de l'Empereur, et sont souvent assises auprès de son trône, tandis que les plus grands Seigneurs de l'Empire en sont éloignés ou à genoux. On voit, dans ce pays la religion chrétienne revêtue des habits de l'astronomie, trouver un accès auprès des gouverneurs, et les obliger à protéger nos missionnaires et nos temples (1).

Le P. Verbiest, après avoir convaincu l'Empereur et les Mandarins des erreurs de Yang-Quang-Sien, fut établi président du tribunal des mathématiques avec ordre de reformer le calendrier et toute l'astronomie de la Chine. Cette place fut ensuite occupée par un jésuite jusqu'au père Hellerstein mort en 1774.

Pour commencer l'exercice de ses fonctions, il présenta un mémoire à l'Empereur, dans lequel il expliqua la nécessité de retrancher du calendrier le mois intercalaire qui, suivant le calcul même des astronomes chinois, appartenait à l'année suivante.

L'Empereur ayant favorablement reçu cette requête, fit examiner l'affaire au conseil, mais tous les conseillers s'y opposèrent, à cause du changement général qu'il eut fallu faire par tout l'Empire, dans les actes publics, et du deshonneur qui en jaillirait sur la Chine, forcée d'avouer publiquement une erreur aussi grossière. Les Mandarins présentèrent plusieurs requêtes contre celle du P. Verbiest, mais sans succès. Enfin on rassembla tous les membres du tribunal des mathématiques, au nombre de cent soixante, dans l'espoir de fléchir le P. Verbiest, un des chefs même fut député vers lui pour le conjurer de

---

(1) Lettre du P. Verbiest, 15 août 1678.

LE P.^e F. VERBIEST

habit de Président du Tribunal des Mathématiques.

trouver quelque moyen de dissimuler cette erreur ; mais Verbiest resta inébranlable, et répondit qu'il lui était impossible de concilier le ciel avec leur calendrier et que le retranchement lui paraissait indispensable. L'Empereur l'ordonna par un édit public.

L'étonnement fut général : on ne concevait pas ce que le P. Verbiest allait faire des jours de ce mois supprimé, ni dans quel lieu il les mettrait en réserve, et le crédit des Européens en augmenta beaucoup.

Le P. Verbiest se servit de la confiance que l'Empereur lui montra, pour obtenir le retour de tous les missionnaires exilés à Canton et le libre exercice de la religion par tout l'Empire. Une occasion pour faire cette démarche s'était d'ailleurs présentée naturellement. L'Empereur avait pris les rênes de son Empire, et désirant annuller les décrets de ses tuteurs, il avait publié un édit portant que tous ceux qui avaient souffert pendant sa minorité, n'avaient qu'à s'adresser à lui. Alors le père Verbiest lui présenta une requête où il marquait que, par une criante injustice, on avait abusé de son autorité pour proscrire la Loi du vrai Dieu, et bannir de l'Empire ceux qui la prêchaient.

Cette requête fut d'abord rejetée, mais le P. Verbiest ayant demandé d'autres juges, l'Empereur condescendit à sa demande. On mit sept jours à l'examiner dans une assemblée générale de Mandarins, après quoi il fut déclaré que la Loi chrétienne n'enseignait rien de contraire aux mœurs ou aux devoirs des sujets. Le P. Schall fut justifié publiquement. On réhabilita sa mémoire, on lui éleva un superbe mausolée, et les missionnaires exilés furent rappelés avec la permission de retourner dans leurs églises.

Le décret de ce rétablissement est du mois de Mars

1671. Dès cette année, plus de vingt mille Chinois se convertirent sans obstacle. Un oncle maternel de l'Empereur, et un des huits généraux perpétuels furent baptisés.

Le P. Verbiest, qui était l'âme de tous ces travaux entrepris pour la gloire de Dieu et l'avancement de la religion, entrait de plus en plus dans les bonnes grâces de l'Empereur. Ce jeune prince avait un goût décidé pour les sciences. Pendant plus de cinq mois il appela journellement le P. Verbiest dans l'intérieur de son palais, et l'y retint presque toute la journée, pour recevoir des leçons de mathématiques et surtout d'astronomie. D'abord l'Empereur lui montra tous les livres de mathématiques et d'astronomie écrits en chinois par les PP. Jésuites et qui montaient à plus de cent vingt volumes, et voulut qu'on les lui expliquât. « Dès le point du jour, dit le P. Verbiest (1), j'allais au palais; j'étais aussitôt admis dans les appartements particuliers de Cam-Hy, et je ne les quittais souvent qu'à trois ou quatre heures de l'après-midi. Seul avec l'Empereur, je lisais et j'expliquais. Il me retint souvent à dîner et me fit servir les plats les plus exquis dans une vaisselle d'or. Pour apprécier combien les signes de bienveillance, que l'Empereur me donnait, étaient extraordinaires, un Européen a besoin de remarquer que, en Chine, l'Empereur est révéré comme une divinité, qu'il est rarement visible, surtout pour des étrangers. Ceux-là même qui des pays les plus éloignés se rendent à sa cour comme ambassadeurs, s'estiment heureux, s'ils sont admis une seule fois à une audience privée et encore ne peuvent-ils voir l'Empereur que d'une salle éloignée. Les Ko-La-O et les

______

(1) *Astronomia Europœa perpetua etc., Dilingœ, p.* 55.

parents les plus proches de l'Empereur ne paraissent devant lui qu'en silence et avec la plus grande vénération, et, s'ils ont besoin de lui parler, ils se mettent à genoux. »

L'Empereur ayant su que les livres d'Euclide contiennent les principaux éléments des mathématiques, voulut que le père lui en expliquât les six premiers livres traduits en chinois par le P. Matthieu Ricci, et il les étudia avec une constance admirable.

Quoique Cam-Hy comprît parfaitement le chinois, il voulut qu'Euclide fut traduit en tartare. Cette langue était très-commune dans les tribunaux; pour faciliter encore ses relations avec notre missionnaire, il accorda au P. Verbiest un de ses serviteurs afin de lui enseigner la langue tartare. Verbiest devint en peu de temps si habile dans cette langue, qu'il en composa une grammaire qui fut imprimée à Paris. Laurent Hervas et Panduro, dans son *Escuela Espagnóla di surdo-mudos* (1), parle avec éloge des manuscrits du P. Verbiest sur la langue tartare qu'il avait en sa possession.

L'Empereur se servit encore du père Verbiest pour recevoir des leçons de toutes les autres branches de la philosophie, et le père en cultivant l'esprit du monarque, songeait encore davantage à former son cœur à la vertu et à lui faire goûter la science du salut. Il commença par le désabuser entièrement des fables et des superstitions payennes, et peu-à-peu menageant les moments favorables et secondant l'avidité qu'il avait de tout savoir, il l'instruisit des vérités, qui sont l'objet de la foi

---

. (1) Tome I, § 89. *El jesuita Fernando Verbiest perito en los idiomas Tartaro-Manchou y Chino, en sus manuscritos sobre la lengua Tartara que para en mi poder dice : etc.*

chrétienne, il lui en expliqua les mystères les plus sublimes et lui en fit connaître la sainteté.

Le prince en fut si épris, qu'un jour on lui entendit dire, qu'insensiblement le christianisme détruirait toutes les sectes. Mais il ne se déclarait pas, et se contentait de protéger une religion dont il admirait la pureté et l'excellence. Il eut une véritable affection pour les missionnaires, fondée non seulement sur la grande capacité du père Verbiest, qu'on regardait comme le plus habile homme de l'Empire, mais sur la certitude qu'il avait acquise de l'innocence des mœurs et de la vie dure qu'ils menaient dans leur intérieur : car par des voies sûres et secrètes, il savait ce qui s'y passait et connaissait jusqu'à leurs austérités et leurs mortifications particulières. Ce fut en second lieu la conviction qu'il avait que leur zèle pour son service était désintéressé, et qu'ils n'avaient d'autre but que d'accréditer la religion, de l'enseigner à ses sujets et de l'étendre dans tout son empire.

Pour atteindre à ce but, c'était au moyen des sciences européennes qu'il fallait commencer à désabuser ce peuple vain de l'idée fausse qu'il s'était faite de lui-même ; et par ses expériences, le P. Verbiest était parvenu à les convaincre, qu'en astronomie, les Européens avaient des principes plus sûrs et des machines plus perfectionnées que les Chinois. Ce pas était immense.

Les Mandarins des tribunaux des mathématiques, envoyés à l'observatoire, pour vérifier les calculs du père Verbiest, s'étaient pleinement convaincus de l'imperfection des machines astronomiques de l'observatoire ; et la confiance qu'ils avaient dans les talents du missionnaire leur suggéra l'idée de s'adresser à l'Empereur pour le prier de donner ordre au P. Verbiest de fondre de nouveaux instruments pour l'observatoire d'après les principes d'Europe. Cam-Hy leur accorda cette demande et par un diplôme rendu publique, il chargea Verbiest de cette confection. Le père se mit aussitôt à la besogne. Il y employa quatre ans, et les dépenses montèrent à 19,000 couronnes. Verbiest, après les avoir placées, en expliqua la fabrique, la théorie et l'usage, ainsique les diverses manières de faire des expériences au moyen de ces machines, dans seize volumes écrits en chinois.

Ces instruments sont grands, bien fondus et ornés de figures de dragons d'un travail exquis : si la finesse des divisions répondait au reste de l'ouvrage, et qu'au lieu de pinnules, on y appliquât des lunettes, nous n'aurions, dit le P. Le Comte (1), qui les a examinés avec soin, rien en cette matière qui leur pût être comparé. Mais quelque soin qu'eût pris Verbiest de faire diviser exactement les cercles, l'ouvrier chinois avait été inexact. D'ailleurs le P. Verbiest ayant quitté l'Europe avant l'époque où les Cassini, les Halley et les Picard firent faire tant de progrès à la science, il ne put leur donner toute la perfection possible. Je possède les dessins de quelques-uns de ces instruments, imprimés à Pékin sur papier de Chine. On les trouve, du reste, gravés dans l'ouvrage du P. Le Comte déjà cité et dans celui de Du Halde.

Le P. Verbiest offrit cet ouvrage à l'Empereur, qui le récompensa de son travail en le nommant président du tribunal suprême, que l'on nomme Tay-Cham-Su, titre qui n'est accordé qu'à ceux qui se distinguent par des mérites insignes faits à l'Empire.

---

(1) Nouveaux mémoires sur la Chine, par le P. Le Comte. Troisième lettre.

Le père Verbiest procéda ensuite à la réorganisation des tribunaux des mathématiques. Il y a trois classes de tribunaux.

Le premier publie annuellement trois calendriers en chinois et trois autres en tartare. Le premier est un calendrier ordinaire, qui contient les mois lunaires et les jours de chaque mois classés, l'heure et la minute auxquelles le soleil se lève et se couche, la longueur des jours et des nuits etc., enfin l'heure et la minute de l'entrée du soleil dans chaque signe ou demi-signe du zodiaque. On présente le calendrier de l'année suivante, le 1er du second mois à l'Empereur, et le 1er du 4e mois il est envoyé dans les provinces pour y être réimprimé et distribué le 1er du 10e mois. En tête se trouve le sceau du tribunal et l'édit de l'Empereur qui en prescrit l'usage.

Le second est un calendrier des planètes et expose le mouvement des planètes chaque jour de l'année. Le troisième est manuscrit et offert à l'Empereur seul; il est cependant le plus important, car il expose les conjonctions de la lune et des planètes etc. à chaque jour de l'année. Ce troisième calendrier ne laisse pas que d'offrir des difficultés et l'exactitude en est d'une importance majeure, puisqu'il est destiné à l'Empereur et contrôlé journellement par des mathématiciens qui ont intérêt à le trouver en défaut.

Verbiest avait à faire annuellement un autre travail non moins important, le calcul des éclipses telles qu'elles seraient visibles dans la métropole de chacune des dix-sept provinces, expliquées avec la plus grande minutie. Je possède une de ces feuilles contenant l'éclipse de lune du 25 mars 1671 : elle a 9 pieds de longueur sur 1 pied de largeur. Ces éclipses décrites sont offertes à l'Empereur six mois d'avance et renvoyées dans les provinces pour y être observées. Le jour de l'éclipse étant arrivé, tous les Mandarins en habit de cérémonie et précédés des insignes de leurs dignités, s'assemblent dans la salle de leur tribunal, et à l'instant de la défection, tous tombent à genoux et vénèrent les astres. On sonne les cloches, on bat le tambour et on fait toute espèce de bruit et cela pour suivre une vieille coutume, qu'ils savent à présent n'être fondée sur aucun fondement. On supposait anciennement que par là on pouvait venir en aide à l'astre, qu'on croyait en souffrance.

L'Empereur lui-même a l'habitude d'observer dans son palais les éclipses; tous ceux qui ont la moindre teinture de cette science observent également les éclipses et les comparent avec les calculs décrits et nous sommes obligés, dit le P. Verbiest (1), à la plus grande exactitude; car il est plus honteux auprès de cette masse d'ignorants, qui ne connaissent pas les difficultés de ces calculs, de se tromper d'un demi-quart d'heure qu'il ne le serait auprès de nos Ptolomées et nos Tychos de différer d'une demi-heure.

Tels sont les travaux du premier tribunal, qui tous durent être faits par le P. Verbiest.

Le second tribunal est composé de Mandarins, qui, jour et nuit, examinent à tour de rôle l'état du ciel, et qui contrôlent par les instruments les calculs du premier tribunal.

Le troisième tribunal est composé de Mandarins, dont une partie préside aux travaux publics. L'autre partie est chargée d'indiquer pendant la nuit l'heure à toute la cour de Pékin, tandis que d'autres personnes la répè-

---

(1) *Astronomia Europæa* etc. *Dilingæ*, chap. x, p. 32.

tent ensuite dans toute la ville par des coups de la grande cloche.

Ayant pourvu chacun de ces tribunaux de livres et d'instruments, Verbiest reçut un nouvel ordre de l'Empereur, qui lui imposa un travail de la plus grande importance.

Dans les conversations que Verbiest eut avec l'Empereur, ce prince lui avait déjà parlé des moyens à prendre pour assurer à l'Empire l'exactitude dans ses calendriers, et avait souvent exprimé combien il lui serait agréable d'avoir des tables astronomiques des planètes et des éclipses pour plusieurs siècles : il reçut donc ordre de dresser des tables des mouvements célestes et des éclipses pour deux mille ans. L'infatigable père y travailla aussitôt avec soin et appliqua tous les Mandarins de la première classe du tribunal de l'astronomie à calculer ces mouvements selon les règles qu'il leur donna.

Je n'ai pas les connaissances nécessaires pour parler du travail du P. Verbiest et d'en apprécier la valeur scientifique ; cette partie sera traitée avec tout le talent requis par notre directeur de l'observatoire de Bruxelles, M. Quetelet, qui se propose de publier une biographie des mathématiciens belges. D'ailleurs ces détails scientifiques n'entrent nullement dans mon plan, et seraient de peu de valeur pour les lecteurs auxquels je m'adresse.

Ayant achevé ce grand ouvrage, il en fit trente-deux volumes de cartes avec leurs explications. Il se fit alors une assemblée générale des Mandarins de tous les ordres, des princes, des vice-rois et des gouverneurs des provinces, pour saluer l'Empereur et se réjouir avec lui de la déclaration qu'il avait faite de son fils pour son successeur à l'Empire. Le P. Verbiest, à cette occasion, lui offrit ses trente-deux volumes. L'Empereur reçut agréablement ce présent et rendit un décret par lequel il ordonna que ces tables fussent conservées dans les archives de l'Empire. Pour récompenser le travail du père, il le promut à la dignité de président suprême du principal tribunal entre ceux qu'on appelle tribunaux du premier ordre, c'est-à-dire qu'il le décora du titre de Tum-Chim-Su-Chim-Tam.

Le père lui présenta une requête par laquelle il remontrait que la profession religieuse qu'il avait embrassée ne lui permettait pas d'accepter cet honneur. Il ne fut pas écouté, et de crainte d'offenser l'Empereur et de nuire aux progrès de la religion, il se soumit à regret et reçut le diplôme suivant sous le titre de :

Eloge et Titres accordés au P. Ferdinand Verbiest, par l'Empereur Tartare Chinois Cam-Hy, dans une assemblée générale tenue pour complimenter l'Empereur à l'occasion du choix qu'il avait fait de son fils pour son successeur à l'Empire, l'année 1676, et étendus à ses Ayeux.

« Je, Empereur par ordre du ciel, ordonne : La forme d'un état bien reglé demande que les belles actions connues et que les services rendus à l'état avec une prompte volonté soient récompensés, et reçoivent les éloges qu'ils méritent. Il est aussi du devoir d'un prince, qui gouverne sagement selon les lois, de louer la vertu et d'exalter le mérite : c'est ce que nous faisons par ces lettres patentes qui, d'après notre volonté, doivent être publiées partout notre Empire, pour faire connaître à tous quel égard nous avons pour des services qui nous sont rendus avec tant d'application et de diligence.

« C'est pourquoi, FERDINAND VERBIEST, à qui j'ai commis le soin de mon calendrier impérial, le naturel droit et sincère et la vigilance que vous avez fait paraître à mon service, aussi bien que le profond savoir que vous avez acquis par l'application continuelle de votre esprit, en toutes sortes de sciences, m'ont obligé de vous établir à la tête de mon académie astronomique : vous avez répondu par vos soins à notre attente, et en travaillant jour et nuit, vous avez rempli les devoirs de cette charge; enfin vous êtes heureusement venu à bout de tous vos desseins, avec un travail infatigable et dont nous avons nous-même été témoins.

« Il est convenable que dans la conjoncture d'une si grande fête, où tout mon Empire est venu me donner des marques de sa joie, je vous fasse ressentir les effets de ma faveur impériale et de l'estime que je fais de votre personne ; c'est pourquoi, par une grâce singulière, et de notre propre mouvement, nous vous accordons le titre de grand homme, qui doit être partout rendu célèbre et nous ordonnons que ce titre soit envoyé dans tous les lieux de notre Empire, pour y être publié.

« Prenez de nouvelles forces à notre service; le titre d'honneur qui commence en votre personne s'étend à tous vos parents et à tous ceux de votre sang; vous avez mérité par vos soins et par votre application singulière, ces éloges et cette dignité et vos mérites sont si grands qu'ils répondent entièrement à l'honneur que nous vous faisons : recevez donc cette grâce avec le respect qui lui est dû. Vous êtes le seul à qui je l'ai conférée; que ce soit un nouveau motif d'employer pour notre service tous vos talents et toutes les forces de votre esprit. »

De semblables titres d'honneur remontent jusqu'aux ancêtres de celui qui les reçoit; tous ses parents s'en glorifient. Il les font écrire en divers lieux de leurs maisons et jusque sur les lanternes qu'ils font porter devant eux, lorsqu'ils marchent dans la nuit, ce qui leur attire de grands respects.

Comme le P. Verbiest était Européen, il n'avait pas de parents à la Chine qui pussent partager cet honneur avec lui; mais par un bonheur singulier pour la religion, tous les missionnaires jésuites et autres, passaient pour ses frères, et étaient considérés comme tels par les Mandarins. Ce fut cette qualité qui facilita à Monseigneur D'Héliopolis son entrée à la Chine, et la plupart des religieux faisaient mettre ce titre sur la porte de leurs maisons.

Il m'a paru intéressant de joindre ici les lettres patentes par lesquelles, pour récompenser les vertus du fils, on anoblit sa famille dans la ligne ascendante. Chez nous, un autre principe a présidé à l'anoblissement des familles: on récompense un homme à cause de ses mérites et sa lignée descendante participe du titre du père, afin qu'elle imite ses vertus et qu'elle se rende digne du nom qu'elle a reçu en naissant; en Chine, les vertus sont récompensées dans celui qui les pratique et dans ceux qui, par l'éducation et les soins qu'ils ont eus pour lui, sont supposés l'avoir formé à cette pratique. De ces quatre pièces deux sont peu connues et n'ont jamais été traduites, que je sache; les deux premières ne l'ont été qu'en partie.

Patente d'anoblissement de l'Ayeul du P. Verbiest.

« Je, Empereur par ordre du ciel, ordonne : Les honneurs que nous accordons à ceux qui, par leurs mérites se sont élevés aux dignités de Mandarins et de magistrats, doivent rejaillir sur leurs ancêtres comme sur leur source, puisque c'est par l'instruction, par l'éducation et par les bons exemples qu'ils ont reçus d'eux, qu'ils ont pratiqué la vertu et se sont rendus dignes de ces honneurs.

» C'est pourquoi, voulant remonter jusqu'à la première source du mérite, j'étends jusqu'à vous mes bienfaits, Pierre Verbiest, qui êtes l'ayeul du Père Ferdinand, Président de mon académie d'astronomie, que j'ai honoré du titre de premier président du grand tribunal Tay-Cham-Su et auquel j'ai ajouté un nouveau degré de dignité.

» Votre vertu, comme un arbre bien planté qui a jeté de profondes racines, ne tombera jamais : elle soutient encore votre postérité et se consolide dans votre petit-fils qui, par un mérite si distingué, nous fait connaître quel a été le vôtre. Il convient donc que vous participiez à sa récompense et à sa gloire comme étant son ayeul. C'est pourquoi, vous considérant comme l'origine et la source de sa grandeur, par une faveur singulière, je vous confère les mêmes titres, qu'à votre petit-fils Président du tribunal d'astronomie et du tribunal Tay-Cham-Su et orné encore de la dignité de Tum-Fum-Ta-Fu, et je rends ma volonté publique par ce diplôme. Jouissez de ces titres et rejouissez-vous. Vous transmettez vos vertus et vos bons exem-

ples à votre postérité: vous deviez donc jouir de la récompense qu'ils ont méritée et de la gloire qu'ils ont
obtenue. Conservez cette grâce et ce bienfait pour toujours. »

Diplôme de l'Empereur pour étendre ces titres à son Ayeule.

« Je, Empereur par ordre du ciel, ordonne:
Lorsque selon les louables coutumes de notre Empire
nous voulons récompenser le mérite de ceux qui nous
ont fidèlement servi, et par ces récompenses les exciter
à nous continuer leurs services, il convient qu'une partie de la gloire qu'ils acquièrent passe jusqu'à leurs
ayeux.

» C'est vous, Paschasie De Wolf, ayeule de Ferdinand
Prefet de notre académie d'astronomie et Président du suprême tribunal Tay-Cham-Su, qui l'avez instruit par votre
exemple. C'est pourquoi considérant avec quelle perfection votre petit-fils remplit ses devoirs et que cela même
provient de votre exemple et des bonnes mœurs dont
vous l'avez imbu, ayant récompensé en lui ses mérites
qu'il vous doit, je veux aussi reconnaître votre sollicitude,
et à cette intention, je vous confère par les présentes
le titre de Fu-Giu (c'est la qualification que l'on donne
à la femme de celui qui est Mandarin de premier ordre
sous le titre Tum-Fum-Ta-Fu). Jouissez-en avec bonheur.
L'illustre coutume de l'Empire et la loi exigent que les
vertus des parents soient récompensées dans leur postérité,
pour l'instruction de laquelle ils ont employé tous les
moyens que l'amour et la patience paternels peuvent

imaginer. Votre postérité en sera plus glorieuse et aura pour vous plus de respect. C'est pour cela que nous voulons, par ces paroles, relever la gloire de votre nom. »

Diplôme de l'Empereur par lequel ces mêmes titres sont étendus au père de Ferdinand.

« Je, Empereur par ordre du ciel, ordonne : Pour un fils c'est un bien juste désir que celui de célébrer le nom de ses parents et de les illustrer par ses vertus, car de cette manière toute louange, toute récompense revient au point d'où il est provenu. Or c'est à l'Empereur à examiner ces mérites et à récompenser dignement la sagesse de ses parents en donnant des titres à leur postérité et en les étendant jusqu'aux ayeux. Or, vous, Josse Verbiest, vous êtes le père de Ferdinand, préfet de mon académie d'astronomie etc., et vous l'avez par vos exemples bien enseigné. Ayant donc considéré ses mérites et son exactitude à remplir ses devoirs, je sais qu'il a bien répondu à ce que sa famille et la dignité de mon Empire avaient droit d'attendre de lui et il a en même temps rendu vos vertus plus illustres. J'étends donc jusqu'à vous les bienfaits que je lui ai conférés etc.

« Recevez, quoique vous soyez mort, pour la consolation de votre âme, cette grâce comme un signe de ma bienveillance impériale. »

On voit d'après la fin de ce diplôme que la mort de Josse Verbiest, père de Ferdinand, était connue en Chine; il était mort en effet le 19 février 1651. (Voir les pièces justificatives).

Diplôme de l'Empereur par lequel il confère les titres de Ferdinand à sa Mère.

« JE, Empereur par ordre du ciel, ordonne. Il convient à la dignité de mon Empire d'étendre les titres que reçoivent les fils jusqu'aux parents. Les familles honorent toujours le fils d'un mérite rare qui attribue tout ce qu'il fait de bien à celle dont il a reçu la vie. Or vous, ANNE VAN HECKE, mère de Ferdinand etc. etc. vous l'avez précédé par vos bons exemples. Votre fils a sucé avec le lait cette piété, cette exactitude, et ce rare courage dans l'exécution de ses devoirs. C'est vous qui lui avez ordonné de s'appliquer avec persévérance à l'étude des sciences et des arts et par là vous lui avez prouvé votre amour maternel. Il convient donc que, afin de faire connaître publiquement vos mérites, je vous confère ce diplôme. Par un bienfait singulier, je vous accorde le titre de Fu-Giu ; jouissez-en avec bonheur. Votre fils me remerciera et il tachera de récompenser vos bienfaits par sa tendresse filiale, mais moi, Empereur, pour reconnaître vos mérites dans l'éducation d'un pareil fils, je vous confère ce titre et cette gloire en louant beaucoup votre courage, vos soins et les bons exemples que vous lui avez donnés. »

Ces marques de la bienveillance de l'Empereur contribuèrent infiniment au succès de la mission de la Chine, mais les jésuites ne les obtinrent que par une vie d'abnégation et de sacrifices, et ils s'y étaient décidés. Voulant être tout à tous, ils avaient compris, avec leur tact ordinaire, que c'est par les sciences et surtout par l'astronomie qu'il faut ramener ce peuple vers Jésus comme avaient été ramené autrefois les trois mages; aussi s'appliquèrent-ils avec tant de zèle à ces sciences, que plusieurs de ces hommes apostoliques se trouvent mentionnés dans les fastes des sciences avec la plus grande distinction, tandis que dans l'histoire des missions ces mêmes hommes sont cités pour leurs travaux apostoliques.

Le P. Verbiest, et c'est ce que l'Empereur avouait souvent, était infatigable : tour-à-tour les sciences et la religion étaient l'objet de ses études et à peine avait-il publié son grand ouvrage des tables astronomiques qu'il fit paraître au milieu de l'hiver de 1677 son traité de ce qu'un chrétien doit savoir et que Couplet nomme L'ORDRE DE PROPOSER LES MYSTÈRES DE LA FOI. Il fit plusieurs autres ouvrages sur la religion, mais je ne suis pas parvenu à trouver la date de leur apparition : on en trouvera les titres dans la liste bibliographique que je place à la suite de cette notice. Dans la grande collection des chefs-d'œuvre de la langue chinoise intitulée : Sse-Kon-Thsionen-Chou ordonnée par l'Empereur Khian-Long et qui devait avoir 160,000 volumes, on trouve réimprimé un des ouvrages religieux du P. Verbiest. Il a pour titre KIAO-YAO-SU-LUN (*Abrégé des vérités fondamentales de la religion*) il n'est pas écrit pour les lettrés, le style en est plus simple, il parait que l'auteur a voulu se mettre à la portée de tout le monde. Cam-Hy l'ayant lu, badina sur le style, mais il est d'une analyse et d'une méthode qui l'ont fait juger digne d'être placé au rang des meilleurs livres. C'est sans doute aussi vers ce temps que le P. Verbiest devint vice-provincial de son ordre, car il succéda au Père Antoine de Govea et celui-ci est mort en 1677. Je n'ai cependant rien trouvé de positif jusqu'ici sur cette date, peu importante en elle-même, mais celle que j'as-

gne est très-probable: ses occupations trop multi-
iées ne lui ont pas sans doute permis de continuer
s fonctions, car, dans une lettre du 15 Janvier 1685,
parle du Père Dominique Gabiani comme Vice-Pro-
ncial de la Chine.

La vie des missionnaires en Chine fut des plus
énibles: se faisant tout à tous, ils eurent tout à faire,
t pour gagner la bienveillance et l'estime de ceux
u'ils voulurent gagner à Jésus-Christ, ils durent les
tonner par leurs connaissances et leurs vertus et se
es attacher par leurs services. Les services que les
hinois exigèrent souvent des jésuites ne furent pas
es moindres sacrifices auxquels les obligea leur posi-
ion.

Dans l'ouvrage en seize volumes que le P. Ver-
iest avait composé, par ordre de l'Empereur, pour ex-
liquer l'usage et les diverses manières de faire des
xpériences au moyen des machines qu'il avait fon-
ues pour l'observatoire de Pékin; il avait mentionné
e, par le perpendicule, l'on pouvait mesurer et
ègler la verticalité d'une bombe lancée par un
anon: Verbiest avait même prouvé par le fait l'exac-
tude de ses calculs pendant le temps que, par la
olonté absolue de l'Empereur, il avait dû se charger
u soin des canons. Enfin, l'année 1674, des provinces
étant révoltées, Verbiest reçut un nouvel ordre d'examiner l'artillerie et de voir si, parmi les canons hors
d'usage, il n'y en avait pas qui pussent être raccom-
modés. Le père fit tant, que cent cinquante canons
purent entrer en campagne; mais comme plusieurs
de ces pièces étaient trop lourdes pour servir dans les
provinces montagneuses, le président et les membres
du tribunal des ouvrages publics présentèrent à l'Em-

4

pereur un mémoire par lequel ils le suppliaient d'ordonner au Père Verbiest, de fondre des canons nouveaux pour la conservation de l'État, et d'instruire des ouvriers dans cet art. Le père s'excusa d'abord sur le peu de connaissances qu'il avait des machines de guerre et sur ses engagements dans la vie religieuse, qui l'avait entièrement éloigné de tout ce qui concerne la milice séculière et ne lui permettait que d'offrir des vœux au Seigneur pour attirer sa bénédiction sur les armes de l'Empereur.

Cette réponse fut mal reçue, et on lui observa qu'il semblait que le missionnaire ne devait pas avoir plus de répugnance à fondre des canons, qu'à fondre des instruments de mathématiques, surtout lorsqu'il s'agissait du salut de l'Empire; et qu'un refus, si peu fondé, donnerait lieu à l'Empereur de supposer qu'il avait quelque intelligence avec l'ennemi.

Le Père qui apprit le mauvais effet que ce soupçon faisait sur l'esprit de Cam-Hy, ne crut pas devoir exposer la religion par un refus absolu. Il demanda des ouvriers et fondit d'abord une pièce pour des bombes d'à-peu-près quatre livres. Mais l'Empereur craignant que cette pièce ne soutint pas l'effet de la poudre, envoya un des premiers mandarins avec le Père Verbiest vers les montagnes, à quelques lieues de Pékin, afin de l'éprouver. Après huit épreuves, le mandarin retourna vers l'Empereur pour en annoncer la bonne réussite. Le lendemain il ordonna de nouvelles épreuves, car l'invention lui paraissait trop utile pour qu'il ne désirât pas qu'elle fut réelle. Les principaux chefs de l'armée furent appellés, et de cent coups, quatre-vingt dix boulets atteignirent le but.

Ce second essai ayant si heureusement réussi, l'Empereur ordonna que l'on fit à la hâte vingt autres pièces du même calibre, qui furent fondues et montées dans l'espace de vingt-sept jours, et envoyées aussitôt vers les montagnes de Xen-Si, contre les rebelles. Vingt autres pièces furent faites pour servir au besoin. Pour récompenser le père, l'Empereur lui rendit une visite, examina avec soin toute la maison et la chapelle, et lui laissa une inscription chinoise écrite de sa main (1). De là le Prince alla vers le camp où se trouvaient les canons, en fit l'inspection, s'informa de la manière de les fondre et de toutes les manipulations qu'ils devaient subir avant leur achèvement. A peine achevés, ces canons furent dirigés vers les provinces orientales de la Chine, surtout vers la province Hu-Quam où se trouvait le chef des rebelles. En peu de mois des nouvelles de l'effet surprenant de cette artillerie parvinrent à la cour et se répandirent par tout l'Empire.

Quelque temps après, le conseil des premiers mandarins, recevant de toutes les provinces des demandes réitérées de canons, pour en garnir les places fortes, présenta à l'Empereur un mémoire pour lui faire con-

---

(1) Ces sortes d'inscriptions sont de la plus haute importance en Chine et équivalent presque à un décret solennel : aussi les PP. jésuites la firent-ils copier aussitôt exactement et elle fut envoyée à toutes les églises des provinces, elle ne contenait cependant que deux mots, Kim-Tien : « Honorez Dieu. » *Imperator anno Christi* 1675 *œdes nostras Pekinenses, templumque visens penicello regio expressit cubitales characteres binos* KIM-TIEN, *hoc est :* Venerare cœlum *seu* cœli Dominum, *eosdemque sigillo regio munitos nostris patribus consignavit. Regiæ scriptionis exempla ex typa mox formata per imperium dissipata sunt et christianorum templis præfixa tacitæ approbationis instar quoddam habere putantur.*

Ex litteris autographis R. P. generalis Tyrsi Gonzales.

naître que la défense de l'Empire exigeait 320 canons de calibres différents, à la façon de ceux d'Europe. L'Empereur répondit à cette requête en ordonnant qu'on travaillât à la fonte de ces canons. Le Père Verbiest devait présider au travail, et reçut ordre de présenter d'abord un mémorial, où fussent peintes les figures et les modèles des canons qu'il ferait fondre.

Le Père obéit à l'ordre de l'Empereur, et il présenta ces modèles; ils furent agréés et l'ordre fut donné au tribunal, chargé de l'intendance des batiments et des ouvrages publics, d'y faire travailler incessamment et de fournir à cet effet toutes les choses nécessaires.

On employa plus d'un an à la fabrication de ces canons. La plus grande difficulté qu'eut le Père, vint de la part des eunuques du palais; ils souffrirent impatiemment qu'un étranger fût si avant dans les bonnes grâces de l'Empereur; il n'y a point d'efforts qu'ils ne firent pour empêcher le succès de l'ouvrage. Ils se plaignaient à tout moment de la lenteur des ouvriers, tandis qu'ils faisaient voler le métal par de bas officiers de la cour; aussitôt qu'un des plus gros canons fut achevé, avant même qu'on eut pu le polir, ils y firent insérer avec violence un boulet de fer pour en rendre l'usage inutile. Mais le père, après l'avoir fait charger par l'embrasure, y fit mettre le feu, et le boulet sortit avec tant de fracas, que l'Empereur ayant entendu le coup, de son palais, en voulut voir l'effet sur le champ.

Quand tous ces canons furent achevés, on les conduisit, pour en faire l'essai, au pied des montagnes qui sont vers l'occident, à une demi-journée de la ville de Pékin. Plusieurs mandarins s'y rendirent pour les voir tirer et l'Empereur ayant appris le succès de cette épreuve, y alla lui-même avec quelques gouverneurs de la Tartarie occidentale qui se trouvaient à Pékin. Il y conduisit toute sa cour et les principaux officiers de ses milices. On les chargea en sa présence et on les tira plusieurs fois contre certains endroits qu'il avait désignés. Ayant vu que les boulets ne manquaient pas d'y porter, par les soins que prenait le père de les dresser avec ses instruments, il en eut tant de joie, qu'il fit sous des tentes et au milieu de la campagne, un festin solennel aux gouverneurs Tartares et à ses principaux officiers de guerre : il but, dans sa coupe d'or, à la santé de son beau-père, de ses officiers et de ceux qui avaient pointé le canon d'une manière si juste.

Enfin, s'adressant au P. Verbiest qu'il avait fait loger auprès de sa tente et qu'il fit appeler en sa présence, il lui dit : Les canons, que vous nous fîtes l'année dernière, nous ont fort bien servi contre les rebelles dans les provinces de Chen-Si, de Hou-Quang, de Hu-Quam et de Kiang-Si ; je suis fort content de vos services ; et alors se dépouillant de sa veste fourrée de martre, d'un grand prix, et de sa robe de dessus, il les lui donna comme un témoignage de son amitié. On continua pendant quelques jours l'essai des canons et l'on tira vingt-trois mille boulets. Le père Verbiest composa ensuite un *Traité de la fonte des canons et de leur usage*, et il le présenta à l'Empereur, avec 44 tables de figures, nécessaires à l'intelligence de cet art et des instruments propres à pointer les canons.

Quelques mois après, le tribunal, qui examine le mérite des personnes qui ont servi l'État, présenta un mémorial à l'Empereur, pour le supplier d'avoir égard aux services que le P. Verbiest avait rendus par la fonte de tant de pièces de canons. Sa majesté agréa la requête et honora le père d'un titre d'honneur semblable à celui que l'on donne aux vice-rois, qui se sont fait un mérite singulier, dans le gouvernement des provinces, par la sagesse de leur conduite.

Le Père fixa un jour pour faire la bénédiction solennelle de ces canons; il fit donc dresser un autel dans la fonderie, sur lequel il plaça l'image de Jésus crucifié; puis revêtu du surplis et de l'étole, il adora le vrai Dieu, se prosternant neuf fois et frappant de la tête contre terre.

Comme c'est l'usage en Chine de donner solennellement un nom à de pareils ouvrages, le père donna à chacun le nom d'un saint où d'une sainte, et le traça lui-même sur la culasse pour y être gravé.

Le Père Verbiest fut amèrement attaqué en Europe pour avoir eu fait cette artillerïe. Des libelles furent publiés contre lui en Espagne, en Italie et on ne l'épargna pas même en France. Mais le Père répondit sagement que rien ne lui défendait de fournir des armes à ces infidèles, puisque les Chinois et les Tartares ne feraient pas là guerre aux Chrétiens et que, par ce service, il avait obtenu aux prêtres et aux religieux de l'Europe la liberté de prêcher l'Évangile dans toute l'étendue de l'empire.

Le P. Verbiest fut amplement dédommagé de ces invectives, par le Bref suivant que lui adressa Innocent XI, et dans lequel il le loue d'avoir employé si sagement les sciences profanes pour le salut des Chinois. Il l'exhorte ensuite à continuer ses soins afin d'avancer par son zèle et son savoir, les avantages de la Religion, lui promettant tous les secours du Saint-Siège et de son autorité pontificale.

A NOTRE TRÈS-CHER FILS FERDINAND VERBIEST, DE LA COMPAGNIE DE JÉSUS, VICE-PROVINCIAL DE LA CHINE.

Innocent, Pape, XI du nom.

NOTRE CHER FILS, SALUT.

« On ne peut avoir plus de joie que ne nous en ont donné vos lettres, par lesquelles, après tous les témoignages respectueux d'une obéissance filiale envers Nous, vous Nous envoyez, du vaste empire de la Chine, où vous êtes, deux présents considérables; savoir le Missel romain traduit en langue Chinoise et des tables astronomiques de votre façon, selon l'usage de ces peuples, et par le moyen desquelles vous avez rendu favorable à la religion Chrétienne, cette nation polie en toute sorte de sciences, et qui a d'ailleurs beaucoup d'inclination à la vertu.

» Mais rien ne nous a été plus agréable que d'apprendre par ces mêmes lettres, combien sagement vous vous servez des sciences profanes pour le salut de ces peuples et pour l'avancement de la foi, les employant à propos, pour réfuter les calomnies et les fausses accusations, dont quelques-uns tachaient de flétrir la religion chrétienne, et pour vous gagner si bien l'affection de l'Empereur et de ses principaux ministres. Par là non seulement vous êtes délivré des fâcheuses persécutions que vous avez souffertes si longtemps, avec tant de force et de courage, mais vous avez fait rappeler tous les missionnaires de leur exil; et vous n'avez pas seulement rétabli la religion dans sa première liberté et dans tous ses honneurs, mais vous l'avez mise en état de faire de jour en jour de plus grands progrès. Car il n'est rien que l'on ne doive attendre de vos soins et de ceux qui travaillent avec vous pour la religion dans ce pays, aussi bien que d'un prince qui a tant d'esprit et de sagesse et qui paraît si affectionné à la religion, comme le font voir les édits qu'il a faits par votre conseil contre les hérétiques et les schismatiques, et les témoignages d'amitié que reçoivent de lui les catholiques portugais.

» Vous n'avez donc qu'à continuer les soins que vous prenez, pour avancer, par les industries de votre zèle et de votre savoir, les avantages de la religion, sur quoi vous devez vous promettre tous les secours du Saint Siège et de notre autorité pontificale; puisque nous n'avons rien tant à cœur, pour nous acquitter de nos devoirs de Pasteur universel, que de voir croître et avancer heureusement la foi de Jésus-Christ dans cette illustre partie du monde que, quelqu'éloignée qu'elle soit de nous par les vastes espaces de terres et de mers, nous est d'ailleurs si proche par la charité de Jésus-Christ qui nous presse de donner nos soins et nos pensées au salut éternel de tant de peuples : cependant, nous souhaitons d'heureux succès à vos saints travaux et à ceux de vos compagnons et par la tendresse paternelle que nous avons pour vous et pour les fideles de la Chine, nous vous donnons à tous très-affectueusement la bénédiction apostolique, comme un gage de notre affection.

» Donné à Rome, le troisième de Décembre 1681. »

L'Empereur reconnut toute l'importance des services que lui avait rendus le P. Verbiest, et la confiance qu'il prit en lui augmenta de plus en plus. Il l'entretenait souvent avec une familiarité peu ordinaire dans un Empereur Chinois. Il souhaita de l'avoir auprès de sa personne, même dans les plus longs voyages.

Le père Verbiest nous a laissé la description de deux de ces voyages. Le premier commença le 23 mars 1682 avec un cortège de 70,000 personnes. L'Empereur voulut, dit le P. Verbiest, que je l'accompagnasse et que je fusse toujours auprès de sa personne, afin de faire en sa présence les observations nécessaires pour connaître la disposition du ciel, l'élévation du pôle, la déclinaison de chaque pays; pour mesurer par les instruments de mathématiques la hauteur des montagnes et la distance des lieux, et on ne rentra que le 9 juin.

L'année suivante on fit encore un voyage, et l'Empereur fut accompagné par 60,000 hommes et plus de 100,000 chevaux. Souvent dans ces excursions lointaines le P. Verbiest reçut des marques de respect et de vénération des chefs tartares, chez qui la rénommée de son nom était parvenue, et c'est surtout alors qu'il regrettait de ne pas pouvoir disposer de missionnaires qui eussent pu convertir des peuples entiers. Plus d'une fois aussi l'Empereur l'appela et le logea auprès de lui, tandis que les plus grands de l'Empire dûrent rester en arrière, à cause de l'état des chemins, ou par le débordement d'une rivière.

La faveur du P. Verbiest continua par les soins qu'il prit afin de la mériter : chaque année il offrit à l'Empereur un cadran solaire toujours diversement construit. Il lui présenta un jour un cadran modifié d'après les principes de la réfraction de la lumière (*horologium anclasticum*) : un grand et large vase en porcelaine, blanche comme la neige, était destiné à recevoir l'ombre projetée par le style : au fond du vase il avait tracé en olivâtre les lignes horaires et les parallèles zodiacales; les lignes étaient formées de manière à présenter les contours d'un poisson. Ainsi arrangé, tout l'appareil ne présentait que des lignes insignifiantes, mais aussitôt que l'on remplissait le vase d'eau, le poisson sembla se soulever et porta, par la réfraction, sur son dos les indications précises du mois, du jour et de l'heure.

Le P. Verbiest décrit dans le même ouvrage (1) une chambre noire qu'il construisit au palais impérial. Il prépara une lentille de la distance focale la plus grande qu'il put et la plaça dans le mur d'un appartement attenant à la rue la plus fréquentée de Pékin. Un prisme conique appliqué par son sommet à la lentille empêchait la dispersion des rayons; mais il ne dit pas s'il eut l'idée de redresser les images. La chambre noire fut très-souvent visitée par l'Empereur, mais plus souvent encore par ses femmes condamnées, comme l'on sait, à ne jamais sortir.

Un autre travail du P. Verbiest mérite encore d'être mentionné, c'était un appareil destiné à représenter les phénomènes astronomiques et météorologiques les plus curieux; les éclipses, l'arc-en-ciel, les couronnes, les halos, les parélies. Le Père avait souvent donné à l'Empereur l'explication de ces phénomènes, cependant les mandarins continuèrent d'y voir mille choses ridicules, des pronostics de bonheur ou de malheur, et s'en prévalaient pour modifier, d'après leurs vues, ce que l'Empereur voulait entreprendre. Le père voulut donc confirmer ses assertions par l'expérience. Une cloche intérieurement blanche, portée sur un axe cylindrique, d'un poli

---

(1) *Astronomia Europæa. Dilingæ*, in-4°.

parfait, avait sa base inclinée parállèlement au plan de l'équateur. L'appareil n'admettait de lumière que celle du soleil; laquelle passant par une petite ouverture, se trouvait refractée par un prisme triangulaire et, après sa décomposition ainsi faite, réfléchie par l'axe vers la concavité de la cloche. L'inclinaison ou la circonvolution du prisme y déterminait la réprésentation au vif de l'arc-en-ciel, des couronnes, des halos. Il est probable que l'interposition d'un petit disque mobile produisait les éclipses, mais il ne le dit pas; il ne décrit pas non plus la manière dont cet instrument pouvait produire la parélie.

Une inondation vint à ravager les alentours de Pékin; les vastes jardins de l'Empereur se trouvèrent enveloppés dans le désastre. Verbiest construisit un niveau conforme en toutes ses parties et appendices à celui employé aujourd'hui pour le nivellement des terres. Des digues furent élevées et les belles campagnes de la capitale furent à jamais sauvées du ravage.

Il travaillait encore à une infinité d'ouvrages tous utiles au public ou propres à exciter la curiosité de l'Empereur: en sorte que, en ce dernier point, on peut dire qu'il a épuisé tout ce que les arts et les sciences nous ont jusqu'ici découvert de plus rare et de plus ingénieux. J'omets la description d'un thermomètre, d'un hygromètre, ainsi que de plusieurs autres appareils se rapportant à la statique, à l'hydraulique, à l'optique etc. L'Europe possédait déjà ces choses à un dégré de perfectionnement égal, peut-être même supérieur. Mais quant aux objets que nous avons détaillés, prétendons-nous révendiquer au père Verbiest la gloire de l'invention? Nous avons produit les faits; ils sont de nature à convaincre tout le monde que le Père n'était pas au-dessous de son époque; je laisse la question de la priorité à décider à ceux qui sont mieux versés que moi dans cette partie difficile de l'histoire. Je laisse à eux de comparer les faits et les dates et de reprendre, si la justice le demande, aux Newton, aux Marcotte, une partie de la gloire scientifique qu'on leur aurait à tort attribuée.

Je terminerai cet aperçu sur les travaux du Père Verbiest en rapportant ses essais et ses prévisions sur un sujet qui a fait tant de bruit dans notre siècle, les machines à vapeur. Il plaça une éolipyle, ou chaudière dans laquelle se forme la vapeur, sur un char. La vapeur de l'éolipyle était lancée sur une roue portant quatre aîles; le mouvement ainsi déterminé se communiquait par des engrenages jusqu'aux roues du char. L'appareil courait avec une rapidité soutenue, aussi longtemps que la vapeur pût se produire, et il pouvait, au moyen d'un timon, recevoir différentes directions. Une application du même procédé fut faite à un petit navire et avec non moins de succès, ce que le P. Verbiest ajoute à l'exposé de ces essais, est peut-être digne de la plus haute attention : *Dato hoc principio motus multa alia ..... excogitari facile est.* La force motrice de la vapeur étant reconnue, il est aisé d'en faire mille autres applications.

Le P. Verbiest ne se soutenait dans tous ces travaux que par ce zèle ardent dont il brûlait pour la conversion des infidèles. Il gémissait souvent du petit nombre d'ouvriers qui se trouvaient en Chine pour prêcher devant un peuple qui se portait avec avidité vers les religieux pour en être instruit.

La mort enlevait les anciens missionnaires et il ne pouvait les remplacer. Le plus vaste champ s'ouvrait à la prédication de l'Évangile dans la Tartarie, dans le royaume de Corée, dans diverses provinces de la Chine même où la foi n'avait pu encore pénétrer, et de tous ces endroits on lui demanda des ouvriers. Il voyait qu'à l'exemple de l'Empereur, les vice-rois et les mandarins comblaient d'amitié ceux qu'ils savaient être du nombre de ses frères. Leurs églises et leurs maisons étaient respectées et les portes de ce vaste Empire, qui avaient toujours été si soigneusement fermées aux nations étrangères, étaient ouvertes à des hommes qui avaient si bien gagné la bienveillance du prince : enfin il était persuadé de cette vérité, dont l'apôtre des Indes, saint François Xavier était lui-même convaincu, que si la Chine recevait la religion chrétienne, toutes les nations voisines, entraînées par son exemple, briseraient bientôt leurs idoles, et n'auraient aucune peine à recevoir le joug de la foi. Les Japonais répétaient cela souvent au grand apôtre, lorsqu'il leur annonça les vérités de la religion.

C'est aussi ce qui porta le P. Verbiest à écrire en Europe ces lettres si touchantes, si édifiantes et si remplies de l'esprit apostolique, par lesquelles il invitait ses frères à venir partager ses travaux et à ne pas laisser échapper les conjonctures favorables dans lesquelles se trouvaient les Chinois pour recevoir la semence évangélique. Je veux transcrire une ou deux de ces pages brûlantes, elles feront mieux connaître, que ce que je viens de dire moi-même, l'homme saint, le digne missionnaire. Dans sa lettre du 15 août 1678, adressée aux jésuites d'Europe, il se plaint de ce qu'il n'est plus en état d'envoyer en Europe des députés pour solliciter du secours. « Hélas, dit-il, à mesure que la faveur et la bonne volonté des princes et des grands seigneurs augmente, nous voyons diminuer le nombre de nos pères. O! qu'il serait facile de procurer la liberté des enfants de Dieu, à des milliers de Chinois, rachetés aussi bien que les Européens par le sang précieux de notre Seigneur. Il y a encore dans cet Empire cinq provinces entières, dont chacune est aussi grande que quelques royaumes de l'Europe, où nous n'avons point prêché l'Évangile, faute d'ouvriers ..... Je sais qu'il y a dans la plupart de nos collèges un grand nombre d'ouvriers doués de tous les talents nécessaires pour cette mission ..... et qui cherchent avec ardeur un nouveau champ pour exercer leur zèle. Je les conjure au nom de Dieu, de jeter les yeux sur tant de provinces ..... qui leur tendent les bras..... » Il explique ensuite quelles sont les qualités que doivent posséder ceux qui s'y destinent. « ..... Il leur faut de la science, beaucoup de science, mais je dois avouer que tout cela n'est rien, en comparaison des vertus solides sans lesquelles la science nuit ordinairement..... Mais qui sont ceux que nous invitons à venir avec nous à la conquête de la Chine? ce sont ces généreux soldats de Jésus-Christ, les enfants de S. Ignace et les frères de tant de martyrs qui prendraient plus de joie à se voir dans les prisons du Japon ou, comme leurs frères, attachés à des poteaux au milieu des tourbillons de flammes, qu'à être comblés des bienfaits et des libéralités de l'Empereur.

» Ce sont ceux qui préfèrent les croix, les fosses et les autres supplices aux charmes de la cour, qui sont moins attirés par l'éclat de l'astronomie chinoise etc. que par les regards affreux des tyrans du Japon, et par ce terrible appareil de tourments avec lesquels ils tâchent de nous effrayer ..... Nous, qui sommes ici vis-à-vis du Japon, nous jetons souvent les yeux du côté de cette île infortunée, et regardant le Ciel obscurci par les nuages que les bûchers enflammés y élèvent encore, nous frappons notre poitrine et nous disons : *Accordez aussi, Seigneur, à nous autres pécheurs..... quelque place parmi vos saints apôtres et vos martyrs dans la compagnie desquels nous vous supplions de vouloir bien nous admettre, vous qui n'avez pas tant d'égards à nos mérites qu'à vos miséricordes.* »

Pour les engager plus fortement, il essaye de leur prouver qu'ils y courront les chances les plus sûres de mourir martyrs, « et après cela, dit-il, que me reste-t-il à dire pour inspirer le désir de nos missions ? » Cela est naïf et vraiment digne d'un jésuite écrivant à ses confrères.

Cette espérance de mourir un jour pour Jésus-Christ lui faisait aimer son état, et l'on a trouvé dans ses papiers de dévotion, des désirs ardents du martyre ; il l'était même en quelque sorte, parce qu'il le demandait à Dieu avec ces gémissements du cœur qui font souffrir un martyre continuel à ceux qui ne le peuvent obtenir. « Mettez moi, Seigneur, dit-il dans son recueil, en la place de ceux qui ont voulu et qui ont pû répandre leur sang pour vous. Je n'ai ni leur innocence, ni leurs vertus, ni leur courage ; mais vous pouvez m'appliquer leurs mérites et ce qui est infiniment plus, me revêtir de tous les vôtres. C'est sous le voile de votre miséricorde infinie que j'ose vous offrir ma vie en sacrifice. J'ai eu le bonheur, mon Dieu, de confesser votre saint nom parmi le peuple, à la cour, au milieu des tribunaux, sous le poids des chaînes et dans l'obscurité des prisons ; mais que me sert cette confession, si je ne la signe de tout mon sang ? »

C'est encore le même esprit qui l'anime lorsque,

écrivant de sa prison à son Provincial, il le conjure, ainsi que tous les pères de la société, de vouloir unir leurs prières aux siennes et de remercier la Providence divine, de ce qu'elle l'a bien voulu élire pour souffrir, tandis que les hommes les plus saints ont désiré cette grâce sans l'obtenir..... « Combien le bruit des neufs chaînes, avec lesquelles on m'a traîné plus de trente fois devant les divers tribunaux, m'a été plus agréable que l'explosion des canons par laquelle on m'honorait à mon passage par plus de 30 villes, lorsque je fus appellé à la cour. Et j'écris ceci d'autant plus volontiers, que je sais que le courage des nôtres s'enflamme à la vue des prisons et des tortures, et que pour cela seul les provinces où l'on a ces tourments à espérer sont celles qui sont les plus recherchées..... Oh que ne m'a-t-il été permis de paraître devant vous, avec une palme entière rougie dans le martyre, au lieu de n'avoir à vous montrer que quelques feuilles, quelques fleurs qui se faneront bientôt ! que ne m'a-t-il été permis de vous apparaître avec quelque croix du Japon, ou un sabre plongé dans le cœur ! Dieu me préserve de n'être, en m'exprimant ainsi, qu'un arbre stérile etc. » J'ai fait autographier ce passage, et cette lettre respire d'un bout à l'autre ces sentiments relevés et qui peignent si bien notre digne missionnaire.

Ce fut une de ces lettres qui engagea l'Évêque de Munster et Paderborn, Ferdinand, à doter richement une maison, afin de fournir des missionnaires à la Chine. Dans une lettre de 1682, adressée au Père Verbiest, l'Évêque explique comment il a conçu son projet : « Vos lettres, dit-il, des derniers confins de l'Asie envoyées en Europe, nous sont aussi parvenues, et la lecture nous en a tellement ému, que nous croyons

Reverende in Christo pater
pax Christi

Annis superioribus scripsi ad R.dum P. Provincialem nostrum quo modo propter
scientiæ Astronomicæ, quam de me habebant opinionem (is quæ scilicet semper plus nominis quam rei sibi habui) ad aulam Pekinensem a Rege evocatus
sim, et . . . . quanto gaudio mihi fuit novem catenarum illa-
rum stridor, quibus onustus per mediam hanc aulam ad diversa tri-
bunalia plusquam trigesies ductus sim, quam festivus ille omnium
bombardarum strepitus, quo triginta et amplius civitates me olim
a Rege evocatum tot itinere ereperunt. Atque hæc quidem eo libentius scribo
quod plane scio nostrorum animos ad conspectum carcerum Berberum-
que magis inflammari; atque ob hoc ipsum hujusmodi Provincias audi-
tus amores, quos contra ad festivos plausus et quasi triumphantis
tubæ clangores video torpescere. Atque utinam mihi nunc nec tun-
sui reventa aliquot Martyrii folia, ac brevi tempore duraturos flosculos
sed ipsam etiam ramum integris sanguine conspersum liceat in mediis
pro ferre Tartaricis inquam acinacem jugeti immersis, aut semiustis
latus, aut denique corronem aliquam passionis similem! Avertat clemen-
tissimus Deus, ne is hoc modo magnifica verba et vota erumpens
aliquando similis sim arbori illi sterili . . . .
. . . . . .

1667
R. V.æ &c. Pekini 3 Septemb.
Servus in Christo
Ferdinandus
Verbiest

entendre et voir l'apôtre des Indes, saint François Xavier lui-même. Il est impossible de ne pas être enflammé du désir de vous aider, lorsqu'on vous entend exposer si pathétiquement la perte de tant d'âmes rachetées par le Sang de Jésus-Christ. Quant à nous, afin de participer d'une manière quelconque à votre couronne, nous offrons à Dieu et au Rédempteur Jésus-Christ et à sa Mère conçue sans tâche, à saint François Xavier et à vous, vénérable père Ferdinand, vingt-cinq mille couronnes, dont l'intérêt annuel servira à l'entretien de huit hommes apostoliques dans le royaume de la Chine et du Japon ..... Adieu homme apostolique, vivez et gagnez des enfants innombrables à Jésus. »

Ce fut une autre de ces lettres, dans laquelle le père Verbiest représentait les besoins de la Chine, qui toucha Louis XIV. Il crut que, en suivant ses vues pour la perfection des sciences, il pourrait en même temps procurer à la Chine un nombre d'excellents ouvriers.

Il donna donc des ordres en conséquence au ministre Colbert, qui fit appeler le P. Fontenai, professeur de mathématiques au collège de Louis-le-Grand. La mort de Colbert interrompit le projet. Mais M. De Louvois, son successeur, demanda des missionnaires aux supérieurs des jésuites, et parmi le nombre de ceux qui s'offrirent, le choix tomba sur les PP. De Fontenai, Tachard, Gerbillon, Bouvet, Le Comte et De Visdelou.

Le père De la Chaise leur donna une lettre pour le P. Verbiest, auquel il recommanda les envoyés français. Cette honorable lettre se trouve dans le *Voyage de Siam* du R. P. Tachard, tome 1, chap. 2.

Les pères jésuites français s'embarquèrent à Brest, au mois de Mars 1685. Le P. Tachard, d'après le désir du roi de Siam, revint en France, mais les cinq autres suivirent leur destination. Ils arrivèrent, le 23 Juillet 1687, à Nimpo, port de mer dans la partie la plus orientale de la Chine. Les Mandarins reçurent les missionnaires avec une grande civilité, et leur demandèrent le sujet de leur voyage. Le P. Fontenai l'exposa et ajouta que le P. Verbiest lui avait écrit pour l'inviter. Ce nom, habilement placé dans la conversation, eut une décisive influence sur l'accueil que reçurent les jésuites. Mais la politesse des Mandarins attira à ces fonctionnaires de fortes réprimandes de la part du vice-roi, ennemi déclaré du christianisme, et qui se hâta de prendre des mesures pour renvoyer les missionnaires. Mais les pères français mandèrent immédiatement leur arrivée au père Verbiest qui en informa l'Empereur, et le 2 de Novembre ils apprirent qu'ils étaient appelés à Pékin, par cet ordre plein de bonté : « Que tous viennent à ma cour : ceux qui savent les mathématiques demeureront auprès de moi, les autres iront où bon leur semblera. » Ils arrivèrent à Pékin le 7 Février 1688, et ils trouvèrent tous les pères plongés dans la plus grande douleur à cause de la perte qu'ils venaient de faire du R. P. Verbiest. Les jésuites français s'étaient flattés de se former aux vertus apostoliques par les lumières et les conseils de ce grand homme, qui avait confessé le nom de Jésus-Christ à la cour et au milieu des tribunaux, sous le poids des chaînes et dans les prisons.

Les travaux continuels et excessifs du P. Verbiest avaient fortement affaibli son tempérament tout robuste qu'il était, et l'avaient jeté dans une maladie de langueur qui dégénéra en une espèce de phthisie. Les médecins de l'Empereur le soulagèrent quelque temps par ces cordiaux admirables que la Chine fournit, mais ils ne purent surmonter la violence de la fièvre. Après avoir reçu les derniers sacrements avec une ferveur et une piété, qui pénétrèrent les assistants de dévotion et de tristesse, il rendit son âme au Seigneur le 28 Janvier 1688.

Lorsqu'il était à l'extrémité, le P. Verbiest laissa un écrit pour être présenté à l'Empereur ; il y disait entr'autres : « Sire, je meurs content, puisque j'ai employé presque » tous les moments de ma vie au service de votre Majesté, » mais je la prie très-humblement de se souvenir après » ma mort, qu'en tout ce que j'ai fait, je n'ai eu d'au- » tre vue que de procurer en la personne du plus grand » roi de l'orient, un protecteur à la plus sainte religion » de l'univers. »

Il fut généralement regretté de l'Empereur, des grands et du peuple, qui avaient conçu la plus haute idée de sa vertu et de sa capacité, des missionnaires qui lui devaient le rétablissement de la religion Chrétienne et enfin des fidèles, dont il maintenait la ferveur et dont il protégeait la faiblesse, soit en leur envoyant des ouvriers évangéliques, soit en étouffant les persécutions dans leur naissance, soit en prévenant celles dont ils étaient menacés.

Honoré de la faveur du prince et dans la haute position où Verbiest se trouvait placé par son mérite, il charmait tout le monde par sa douceur, sa modestie, son recueillement et sa profonde humilité ; plus on l'applaudissait et plus il avait de bas sentiments de lui-même ; n'estimant l'affection de l'Empereur et des grands qu'autant qu'elle pouvait être utile à la propagation de la foi.

Dans toutes ses actions il ne comptait que sur la protection divine, et plein de confiance en cette protection, aucun obstacle ne l'arrêtait dès qu'il s'agissait de la gloire de Dieu et des intérêts de la religion.

Il était insensible à toutes les choses de la terre, excepté quand elles avaient quelque rapport à celles de la religion; car alors ce n'était plus le même homme, et comme s'il eut été animé d'un nouvel esprit, son air, ses paroles, ses sentiments, tout devenait grand en lui et digne d'un héros chrétien. L'Empereur même, en ces occasions, semblait le craindre et ne l'admettait pas facilement en sa présence. « Il se porterait, disait-il, à quelque excès et peut-être serais-je obligé, malgré moi, d'en témoigner du ressentiment. »

Il ne se permit jamais des visites, ni des conversations inutiles. Il ne se permit même pas la lecture de livres curieux, nouvellement arrivés d'Europe, qu'on lit souvent avec tant d'empressement quand on est si fort éloigné de sa patrie; il regarda comme des moments perdus tous ceux qui n'étaient pas consacrés aux fonctions utiles à la religion : son temps était employé ou à calculer les mouvements des astres, pour composer le calendrier de chaque année, ou à instruire les fidèles et les catéchumènes, ou bien à écrire des lettres aux missionnaires pour les consoler et les fortifier, aux vice-rois et aux Mandarins pour leur recommander les chrétiens et aux jésuites d'Europe pour les inviter à venir cultiver un aussi vaste champ que celui de la Chine.

Ses papiers de dévotion, qu'on a lûs après sa mort, ont fait connaître jusqu'où allait la délicatesse de sa conscience, quelle était la rigueur de ses austérités corporelles et avec quelle attention il veillait sur tous les mouvements de son cœur, et enfin avec quelle ardeur il aspirait au bonheur de donner sa vie pour Jésus-Christ.

On lui a souvent entendu dire qu'il n'aurait jamais accepté la charge qu'il remplissait, s'il n'avait espéré, qu'au cas qu'il s'élévât quelque nouvelle tempête contre l'Église, il en serait la première victime et que les idolâtres qui le regardaient comme le chef des chrétiens, lui feraient porter tout le poids de la persécution. Sa charité ne connaissait point de bornes, quand il s'agissait de pourvoir aux besoins des autres, tandis qu'il était extrêmement dur à lui-même et qu'il se refusait jusqu'au nécessaire. Enfin il s'était fait une loi de ne paraître en public et à la cour, que revêtu d'un cilice, ou ceint d'une chaîne de fer, armée de pointes, et par ce moyen, l'habit propre de sa dignité ne servait qu'à cacher la mortification de Jésus-Christ qu'il portait sur sa chair.

L'Empereur fut très-sensible à la perte qu'il faisait du P. Verbiest : il l'honora d'un éloge qu'il composa lui-même et qu'il envoya par deux seigneurs distingués pour être lu devant le cercueil. L'éloge était de cette teneur :

« Lorsque je considère sérieusement en moi-même
» que le Père Verbiest a quitté de son propre mouvement
» l'Europe pour venir dans mon Empire, et qu'il a passé
» une grande partie de sa vie à mon service, je dois
» lui rendre ce témoignage, que durant tout le temps
» qu'il a pris soin des mathématiques, jamais ses prédictions ne se sont trouvées fausses, elles ont toujours
» été conformes au mouvement du ciel. Outre cela,
» bien loin de négliger l'exécution de mes ordres, il a
» paru en toutes choses exact, diligent, fidèle et constant dans le travail jusqu'à la fin de son ouvrage et
» toujours égal à lui-même.

» Dès que j'ai appris sa maladie, je lui ai envoyé
» mon médecin : mais quand j'ai su que le sommeil de
» la mort l'avait enfin séparé de nous, mon cœur a été

» blessé d'une vive douleur. J'envoie deux cents onces
» d'argent et plusieurs pièces de soie pour contribuer
» à ses obsèques, et je veux que cet édit soit un témoi-
» gnage public de l'affection sincère que je lui porte. »
L'exemple du prince fut suivi par plusieurs grands de
la cour, qui écrivirent, sur des pièces de satin, les éloges
du père.

Le 11 Mars, qui était le jour destiné aux obsèques,
l'Empereur envoya plusieurs personnages illustres pour
honorer, par leur présence, au nom du Prince, la sépulture de l'illustre défunt. Ces hommes étant arrivés
sur les sept heures du matin, on se rendit dans la
salle où se trouvait le corps du père enfermé dans son cercueil. Les cercueils de la Chine sont grands et d'un bois
épais de trois ou quatre pouces, vernissés et dorés par
dehors, et fermés avec un soin extraordinaire pour
empêcher l'air d'y entrer. On porta le cercueil dans la
rue et on le posa sur un brancard au milieu d'une espèce de dôme, richement couvert et soutenu par quatre
colonnes. Les colonnes étaient revêtues d'ornements de
soie blanche (c'est en Chine la couleur du deuil), et, d'une
colonne à une autre, pendaient plusieurs festons de soie
de diverses couleurs, ce qui faisait un très-bel effet. Le
brancard était attaché sur deux mats d'un pied de dia-
mètre et d'une longueur proportionnée à leur grosseur,
que 60 ou 80 hommes arrangés des deux côtés devaient
porter sur les épaules. Le père supérieur, accompagné
de tous les Jésuites de Pékin, se mit à genoux devant
le corps, au milieu de la rue : on fit trois profondes
inclinations jusqu'à terre, pendant que les chrétiens,
qui étaient présents à cette triste cérémonie, fondaient
en larmes et jetaient des cris capables d'attendrir les
plus insensibles. Ensuite tout se disposa pour la marche

qui devait se faire dans deux grandes rues tirées au cordeau, larges environ de cent pieds et longues d'une lieu, pour aller gagner la porte de l'ouest, éloignée de six cents pas du lieu de la sépulture qui fut accordée au P. Ricci, par l'Empereur Van-Liei. La marche commença dans cet ordre :

On voyait d'abord un tableau, de vingt-cinq pieds de haut sur quatre de large, orné de festons de soie, dont le fond était d'un taffetas rouge, sur lequel le nom et la dignité du P. Verbiest étaient écrits en chinois, en gros caractères d'or. Ce tableau que plusieurs hommes soutenaient en l'air, était précédé par une troupe de joueurs d'instruments et suivi d'une autre troupe qui portait des étendards, des festons et des banderolles. La croix paraissait ensuite dans une grande niche ornée de colonnes et de divers ouvrages de soie. Plusieurs chrétiens suivaient, les uns avec des étendards et les autres le cierge à la main ; ils marchaient deux à deux, au milieu des vastes rues de Pékin, avec une modestie que les infidèles admiraient. On voyait après, dans une niche, l'image de la Ste-Vierge et de l'enfant Jésus tenant le globe du monde dans la main. Les chrétiens qui suivaient, avaient aussi à la main des cierges ou des étendards comme ceux qui précédaient.

Un tableau de l'archange Michel venait ensuite, accompagné de la même manière et suivi du portrait du P. Verbiest, qu'on portait entouré de tous les symboles qui convenaient aux charges dont l'Empereur l'avait honoré. Les jésuites parurent immédiatement après avec leurs habits blancs de deuil, et d'espace en espace ils marquèrent la tristesse dont ils étaient pénétrés par des sanglots réitérés, selon la coutume du pays. Le corps du P. Verbiest suivait, accompagné des mandarins que l'Empereur avait nommés pour honorer la mémoire de ce célèbre missionnaire. Ils étaient tous à cheval. Le premier était le beau-père de l'Empereur, le second son premier capitaine des gardes, le troisième un de ses gentilshommes et d'autres moins qualifiés. Toute cette marche, qui se fit avec un bel ordre et une grande modestie, était fermée par cinquante cavaliers. Les rues étaient bordées des deux côtés d'un peuple immense qui gardait un profond silence.

La sépulture des jésuites est hors de la ville, dans un jardin qu'un des derniers Empereurs chinois donna aux premiers missionnaires de la compagnie. Ce jardin est fermé de murailles et on y a bâti une chapelle et quelques petits corps-de-logis.

Quand ils furent arrivés à la porte, ils se mirent tous à genoux devant le corps, au milieu du chemin, et ils firent trois fois les inclinations accoutumées. Les pleurs des assistants recommencèrent et l'on porta le corps auprès du lieu où il devait être inhumé : on y avait préparé un autel sur lequel était la croix et des cierges. Le père supérieur, revêtu du surplis, récita les prières et fit les encensements ordinaires marqués dans le rituel; alors les jésuites se prosternèrent encore trois fois devant le cercueil, qu'on détacha du brancard, pour le mettre en terre. Ce fut alors que les cris des assistants redoublèrent, et avec tant de violence, qu'il n'était pas possible de retenir ses larmes.

Toutes les cérémonies étant finies, les missionnaires écoutèrent à genoux, ce que le beau-père de l'Empereur avait à leur dire de la part de l'Empereur. Il parla ainsi : « Le Père Verbiest a rendu de grands services » à l'état, sa Majesté qui en est très-persuadée, m'a » envoyé aujourd'hui, avec ces seigneurs, pour en rendre » un témoignage public, afin que tout le monde sache

» l'affection singulière qu'elle a toujours eue pour sa
» personne et la douleur qu'elle a de sa mort. » Le
Père supérieur répondit à ces éloges, et l'on se sépara.

La fosse était une espèce de caveau, profond de six
pieds, long de sept, et large de cinq; il était pavé et
revêtu de briques de tous côtés, en forme de murailles.
Le cercueil fut placé au milieu, comme sur deux traiteaux
de briques hauts d'environ un pied. On éleva ensuite les
murailles du caveau jusqu'à la hauteur de six ou sept
pieds, et on les termina à voûte, avec une croix au-des-
sus. Enfin, à quelques pieds de distance du tombeau, on
plaça une pièce de marbre blanc de six pieds de haut,
en comprenant la base et le chapiteau, sur lequel était
écrit, en chinois et en latin, le nom, l'âge et le pays du
défunt, l'année de sa mort et le temps qu'il avait vécu
à la Chine.

Quelques jours après, le tribunal des rits présenta
une requête à l'Empereur, par laquelle il demanda et
obtint la permission de décerner de nouveaux honneurs
au P. Verbiest. Il destina 700 écus d'or à lui élever un
mausolée, et outre cela, il conclut à faire graver sur
une table de marbre, l'éloge que l'Empereur avait composé, et à députer des Mandarins pour lui rendre les
derniers devoirs au nom de l'Empire. Enfin, un
titre d'honneur plus élevé que ceux qu'il avait portés
durant sa vie, lui fut accordé.

Tandis que l'Empereur s'appliquait à l'honorer sur la
terre, ce saint homme priait sans doute pour lui dans
le ciel, car c'est une chose digne de remarque, que
jamais ce prince n'a paru plus inquiet sur le point de
la religion, qu'il ne l'était alors. Cet heureux moment n'était
pas venu, il n'aurait fallu cependant que d'un nouveau
Constantin pour convertir tout l'Empire Chinois.

APPENDICE.

Extractum ex Registro baptizatorum in Pitthem.

Anno 1623, 18 octobris, baptizatus est Ferdinandus Verbiest, filius Judoci Verbiest et uxoris ejus Annæ. Susceptores D. Ferdinandus Van Der Schueren et Judoca de Jonckheere.

Extractum ex libro, in quo novitii societatem Jesu ingredientes, propria manu scribebant sua nomina, aliasque particularitates eos concernentes.

Extabat apud R. D. Corn. Geerts S. J. Antv. 1816.

Ego Ferdinandus Verbiest, Pitthemiensis natus anno 1623, mense octobri, die 9ª, ex legitimo thoro patre Judoco Verbiest, ballivo et receptore pagorum Pitthem et Coolscamp, et matre Anna Van Hecke.

Studui primum humanioribus Brugis, uno anno in figuris apud RR. PP. societatis, et quatuor reliquas scholas absolvi quatuor annis, Cortraci, apud eosdem PP. societatis.

Philosophiæ deinde dedi operam Lovanii in collegio liliensi, uno anno, donec tandem melioris vitæ desiderio flagrans ad societatem Jesu aspiravi, in quam a R. P. Andreâ Judoci ejusdem societatis per Flandro-Belgicam, provinciali anno 1641, mense septembri, die secunda, Lovanii debito præmisso examine, admissus sum. Mechliniam vero ad domum probationis veni, anno 1641, mense septembri, die 29 examinatus sum a R. P. Nicasio Bonaerts, etc. etc.

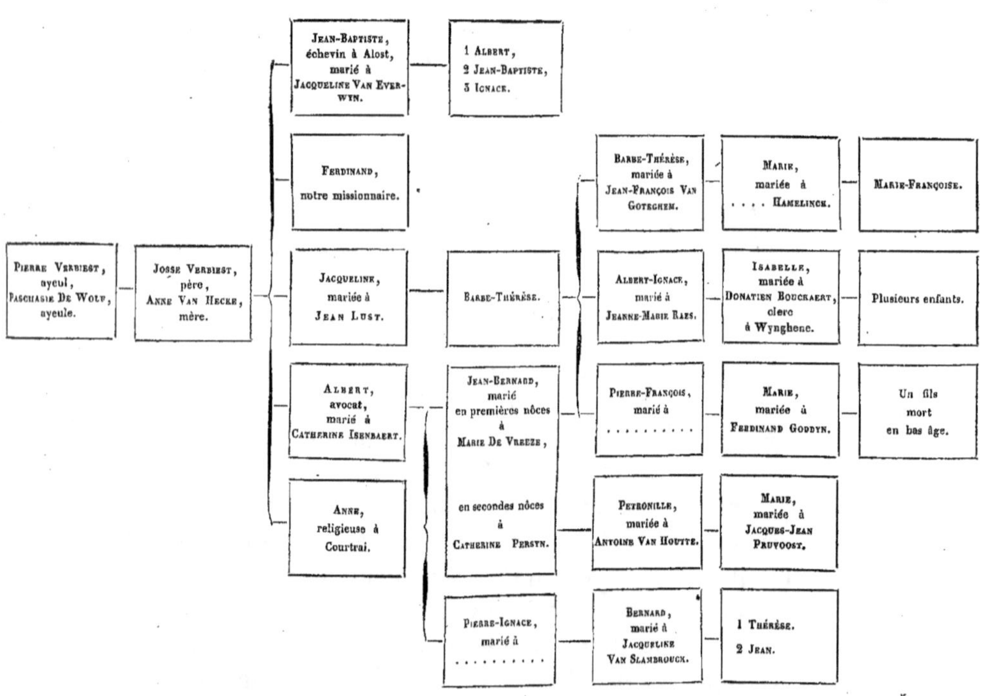
Jean-Baptiste,
échevin à Alost,
marié à
Jacqueline Van Ever-
wyn.

1 Albert,
2 Jean-Baptiste,
3 Ignace.

Ferdinand,
notre missionnaire.

Barbe-Thérèse,
mariée à
Jean-François Van
Goteghem.

Marie,
mariée à
. . . . Hamelinck.

Marie-Françoise.

Pierre Verbiest,
ayeul,
Paschasie De Wolf,
ayeule.

Josse Verbiest,
père,
Anne Van Hecke,
mère.

Jacqueline,
mariée à
Jean Lust.

Barbe-Thérèse.

Albert-Ignace,
marié à
Jeanne-Marie Raes.

Isabelle,
mariée à
Donatien Bouckaert,
clerc
à Wynghene.

Plusieurs enfants.

Albert,
avocat,
marié à
Catherine Isenbaert.

Jean-Bernard,
marié
en premières nôces
à
Marie De Vreeze,

en secondes nôces
à
Catherine Persyn.

Pierre-François,
marié à
. . . .

Marie,
mariée à
Ferdinand Goddyn.

Un fils
mort
en bas âge.

Anne,
religieuse à
Courtrai.

Petronille,
mariée à
Antoine Van Houtte.

Marie,
mariée à
Jacques-Jean
Pruvoost.

Pierre-Ignace,
marié à
. . . .

Bernard,
marié à
Jacqueline
Van Slambrouck.

1 Thérèse.
2 Jean.

LISTE DES OUVRAGES

Du Père Verbiest.

———

1. **Theses Theologicæ.** Propugnabuntur, preside R. P. Ludovico de Sola, sacræ theologiæ professore primario, a R. P. Ferdinando Verbiest ejusdem societatis. Hispali, in collegio societatis, Hermenigildo regi et martyri sacro. Die ..... Aprilis, anno 1655.

Cette thèse est conservée aux archives du Royaume. Elle est imprimée sur une feuille in-plano, et porte en tête une gravure de la Vierge Marie, avec cette inscription, qui montre si bien les sentiments qu'il avait pour la Mère de Dieu. « Tibi, o Virgo, semper immaculata, in qua theologica scientia velut in speculo sine macula relucet, et sapientia incarnata sedem fixit. Quæ in primo ortu tuo pulchrior luna, et sole splendidior cunctas ignorantiæ tenebras dissipasti atque omnia hæresum et errorum monstra in unius serpentis capite debellata calcasti. Tibi hanc inscriptam tabellam, tuæ quidem erga me benevolentiæ testem, mei autem animi tibi semper obligati quasi quoddam chirographum, tibi, inquam, hanc totius mentis meæ imaginem, innumeris titulis debitam consecratamque, ad aras tuas appendo, atque in perpetuum affigo. F. V. S. J. » J'ignorais avant d'avoir rencontré cette thèse, que le père Verbiest eut été à Séville, pour y faire ses études théologiques.

2. **Kïao-Yao-Siu-Lun-Ye-Kiven.** De Doctrinæ Christianæ necessariis (seu de iis quæ Christianum scire oportet). Ordinate propositæ institutiones, unicus liber.

Cet ouvrage a paru au milieu de l'hiver 1677; en voici le commencement : « Quicumque desiderat ingredi Dei sanctam religionem eum oportet scire Tien-Chu quid vocetur : Tien-Chu est producens cœlum et terram, producens spiritus, producens hominem, producens universas res : unus, magnus gubernator ; nondum existentibus cœlo, terra, spiritibus, homine, universis rebus tantummodo existebat unus Deus sine principio et fine, cujus propria natura est a seipsa existens : quod ni esset, unde produceretur ? Si quid extitisset unde esset productus, jam is non esset Deus. » Je parle de cet *Abrégé des vérités fondamentales de la Religion,* page 38 de cette Notice.

3. Kiven-I-Lun-Sin-Yao-Kiao. Discussion et introduction sur les choses les plus importantes de la religion Chrétienne.

4. Xim-Ly-Ta-Y-Ye-Kiven. De sancto Corpore (seu de Eucharistia) responsa ad dubia, libellus.

 Couplet, dans son *Catalogue des Pères de la société de Jésus,* nomme cet ouvrage « Responsa ad dubia de Eucharistiâ. »

5. Co-Kiai-Quen-Y-Ye-Kiven. Pœnitentiæ vetus origo et virtus seu natura, unicus libellus.

 Couplet appelle ce livre « De S. Pœnitentiæ sacramento. »

6. De Remuneratione Boni et Mali, quæsita et responsa.

 Couplet le mentionne au nombre des ouvrages du Père Verbiest.

7. Missale Romanum sinice redditum.

 Le P. Verbiest fit présent d'un missel romain traduit en chinois au Pape Innocent XI, mais rien ne prouve que ce soit lui qui l'ait traduit. Le P. Couplet, dans l'ouvrage déjà cité, mentionne parmi les ouvrages du P. Buglio, la traduction de la *Summa S. Thomæ,* du *Rituale romanum,* du *Breviarium romanum,* de l'*Officium parvum B. Mariæ,* du *Missale* etc. Il n'est pas probable que des hommes si occupés, aient jugé à propos de traduire deux fois le même ouvrage.

8. Innocentia Victrix sive sententia comitiorum imperii sinici pro Innocentia Christianæ Religionis lata juridice per annum 1669. Jussu R. P. Antonii de Govea, Soc. Jesu, ibidem vice-provinciali, sinico-latinè exposita.

 Cet ouvrage est attribué au Père Verbiest. Il se trouve dans *Paralipomena Papebrochii addendorum, mutandorum etc. in conatu*

*chronico-historico ad catalogum Romanorum Pontificum (Acta sanc-
torum Bollandi post vol. mensis Maii, p. 151.)* Foppens nomme
cet ouvrage *Innocentia vindicata.* Les Bollandistes ajoutent que
ce volume a été imprimé en chinois à Quam-Cheu, métropole de
la province de Canton, l'année 1671, ce qui me fait croire que
l'ouvrage, dont le titre suit, est le même que celui-ci.

9. HI-CHAO-TYM-GAU-SAU-KIVEN. Imperatoriæ majestatis immo-
ta et firma post rem judicatam sententia, tribus codicibus.

Couplet nomme cet ouvrage: *Libelli supplices in favorem astronomiæ restitutæ,* 5 vol.

10. APOLOGIA contra calumnias in Astronomiam Europæam.

Couplet nomme ce livre parmi ceux du P. Verbiest.

11. SIAM-Y-MIN-XE-SU-KIVEN. Schemata et instrumenta eorumque ratio ad experimenta, 14 codicibus.

Couplet, dans son *Catalogus Patrum societatis Jesu qui..... in
imperio sinarum fidem propagarunt* etc., appelle cet ouvrage. *De theo-
ria, usu et fabrica instrumentorum astronomicorum et mechanicorum*
14. C'est à-peu-près le titre que lui donne le P. Verbiest, dans
son *Astronomia Europiæ*, pag. 46.

M. Abel Remusat, dans la Biographie universelle, article *Verbiest*,
nomme cet ouvrage: YE-SIANG-TCHI (Des figures et des instruments
d'astronomie) 14 livres, avec deux livres de planches, sous le titre
de Ye-Sing-Thou. C'est le livre qui suit.

12. Y-SIAM-TU-EULH-KIVEN. Regularum seu instrumentorum
et schematum tabula, duobus libris.

Couplet nomme ces livres : *Eorum instrumentorum* (de l'ouvrage
qui précède) *imagines,* 2 vol.

13. LIBER ORGANICUS ASTRONOMIÆ EUROPÆÆ, apud sinas restitutæ
sub imperatore sino-tartarico Cam-Hy appellato, auctore
P. Ferdinando Verbiest, Flandro belga Brugensi è societate Jesu, academiæ astronomicæ in regia Pekinensi
præfecto, anno salutis 1668. in-fol. fig. V. M.

Sur papier de chine, dont les feuillets ne sont imprimés que
d'un seul côté, de sorte que deux feuillets, l'un imprimé sur le
recto, l'autre sur le verso, collés ensemble forment un seul feuillet
complet. Ce volume contient, après l'intitulé, neuf feuillets complets
de discours en latin, puis 125 feuillets complets de figures, avec

l'explication en chinois sur chacune , et la table à la fin, également
en chinois, N⁰ 2008 du catalogue de la bibliothèque de Pierre
Ant. Bolangaro-Crevenna. Dans le « Catalogus codicum mms.
bibliothecæ regiæ.» Paris. vol. 1 , p. 574, N⁰ XXV, se trouve le
même ouvrage, et on y ajoute : « Opus hoc totam machinis variis,
tum ad sphæram , tum ad cæteras matheseos partes attinentibus,
exhibendis , delineandisque occupatur. Præmittitur tantum præfatio
quæ figurarum illic descriptarum et modum quo fieri debeant et
usum ad has vel illas artes , ad hæc vel illa opera idque generatim
dumtaxat, ex ponit. Multa sunt quæ ad geometriam , tabulasque
geographias conficiendas, multa quæ ad luminis refractionem, ad
specula etalioranda eorumque species diversas, imo ad hydraulicam
et agriculturam referantur.» Il se trouve aussi à la bibliothèque
publique de Gand. Ce *Liber Organicus* , dit Abel Remusat, n'est
autre chose que le recueil des planches de l'ouvrage précédent,
auxquelles on a joint neuf feuillets de discours.

14. COMPENDIUM LATINUM, proponens XII posteriores figuras libri
observationum nec non priores VII figuras libri organici
in-fol.

C'est l'abrégé de l'ouvrage qui précède, il contient les neuf
feuillets complets de discours, suivis du même intitulé et de 19
figures. — Bibliothèque de Crevenna, 2009. Se trouve aussi à la bibliothèque publique d'Anvers.

15. ASTRONOMIA EUROPÆA sub imperatore tartaro-sinico Cam-Hy
appellato ex umbra in lucem revocata, auctore P. Ferdinando Verbiest , S. J., 1668 , petit in-folio.

Cet ouvrage ne se compose guère que de dessins représentant
l'observatoire, les instruments astronomiques et d'autres machines.
Il se trouve à la bibliothèque publique de Gand et à celle de
l'observatoire de Bruxelles.

16. ASTRONOMIA EUROPÆA sub imperatore tartaro-sinico Cam-Hy
appellato ex umbra in lucem revocata a R. P. Ferdinando Verbiest, Flandro-Belga è societate Jesu, academiæ astronomicæ in Regia Pekinensi Præfecto, V. 99,
Dilingæ in Suevia, 1687, petit in-4°.

Cet ouvrage a été publié par les soins du P. Couplet, il est
assez rare et contient une des planches du *Liber organicus*, celle
qui représente l'observatoire de Pékin, et il est terminé par le
Catalogus Patrum societatis Jesu qui post obitum S. Francisci Xa-

verii, ab anno 1581 usque ad annum 1681, in imperio Sinarum Jesu Christi fidem propagarunt, ubi singulorum nomina, ingressus, prædicatio, mors, sepultura, libri sinicè editi recensentur. E Si-nico - latine redditus a R. P. Philippo Couplet, belga sinensis missionis in urbem procuratore. Il existe un exemplaire de cet ouvrage dans la *Bibliotheca Hulthemiana,* N° 8507.

17. COMPENDIUM OBSERVATIONUM COELESTIUM.

Verbiest, dans son *Astronomia Europœa,* p. 16, en parlant des observations qu'il fit aux astronomes chinois pour leur prouver que le calendrier était fautif, dit : « De observationibus singulis qui tam præcedentibus quam sequentibus diebus habitæ sunt, sinicum compendium a me editun est et hujus compendii aliud brevissimum latino idiomate postea scriptum, quod in fine hujus tractatus subjicio.

18. TYPUS ECLIPSIS SOLIS anno Christi **1669,** imperatoris Cam-Hy octavo, die 1° lunæ 4æ, id est, **die 29mo Aprilis,** ad meridianum Pekinensem; nec non imago adumbrata diversorum digitorum in singulis imperii Sinensis Provinciis obscuratorum. Auctore P. Ferdinando Verbiest, soc. Jesu, in regia Pekinensi astron. præfecto.

Se trouve à la bibliothèque publique d'Anvers.

19. TYPUS ECLIPSIS LUNÆ, anno Christi 1671, imperatoris Cam-Hy decimo die 15 lunæ 11æ, id est 25, Martii, ad meridianum Pekinensem; nec non imago adumbrata diversorum digitorum in horizonte obscuratorum, in singulis Imperii Sinensis provinciis, tempore quo luna in singulis oritur. Auctore P. Ferdinando Verbiest, societatis Jesu in regia Pekinensi, Astronomiæ prefecto.

C'est une feuille longue de près de 11 pieds sur une de large. Je l'ai. Elle se trouve aussi à la Bibliothèque publique de Gand.

20. TA-CIM-KAM-HI-XE-PA-MEN. Ephemerides sinicæ sive motus septem planetarum anni Christi 1678, imperatoris Sino Tartarici Cam-Hy appellati decimi octavi, calculati ad mediam noctem meridiani Pekinensis. Auctore P. F. Verbiest soc. Jesu, astronomiæ, in regia Pekinensi, prefecto.

C'est ici le second des calendriers que le P. Verbiest avait à publier annuellement, voir page 28 de cette notice. A la bibliotheque royale de Paris, mais incomplet. Un semblable calendrier, mais de l'année 1686, se trouve dans la bibliothèque de M. Van Hulthem (bibliothèque royale de Bruxelles), sous le N° 8428 et avec ce titre : *Ferd. Verbiest soc. J. Ephemerides sinicæ septem planetarum, anni* 1686, *Sinice, petit in-fol. rel. vel.*

Ouvrage bien conservé, imprimé à Pékin, sur papier de Chine.

21. Ephemerides Tartaricæ septem planetarum anni 1686 tartarice; id est, cujusque longitudo, latitudo, hora, et minutum, ingressus in novum signum, directio, statio, retrogradatio, hora aspectuum præcipuorum, dies apparitionis et occultationis tam matutinæ, quam vespertinæ, distantia eorum ab apogæo et nodis etc. Summa calculata ad mediam noctem præcedentem sub meridiano Pekinensi a R. P. Ferdinando Verbiest, societatis Jesu, in regia Pekinensi astronomiæ præfecto; gr. in-fol. d. rel, vel.

Ce livre d'une belle conservation et d'une extrême rareté, imprimé à Pékin, sur papier de Chine, a appartenu à la bibliothèque des jésuites de Paris. Il se trouve à la bibliothèque royale de Bruxelles (biblioth. Hulthem. vol. 2, N° 8011). C'est le seul exemplaire de ces éphémerides que j'ai rencontré dans mes recherches. Comme President du tribunal d'astronomie, le P. Verbiest devait publier annuellement ce travail.

22. Coeli Phenomena.

Cet ouvrage se trouve aussi à la bibliothèque royale de Paris. C'est un exemplaire qui doit être rare et peut-être unique en Europe. Ce calendrier expose les conjonctions de la lune et des autres planètes et leurs conjonctions avec les fixes. Il était offert annuellement à l'Empereur seul et en manuscrit. Voir page 28.

Celui-ci est de l'année 1674. Biblioth. mms. Regalis. vol. 1, p. 574, XXIV.

23. Kam-Hi-Yum-Nien-Liè-Fa-San-Xe-Eulh-Kiven. Kam-Hi Imperatoris in perpetuos annos astronomica norma, 32 codicibus.

C'est l'ouvrage dont il est parlé page 30 sous le titre de *Astronomia perpetua imperatoris Kam-Hi.* Il fut achevé vers 1682. Il se trouve à la bibliothèque royale de Paris,

24. Qɴᴇɴ-Yᴜ-Cɪᴠᴇɴ-Tᴏ : orbis terræ integra tabula.

Couplet l'appelle : *Mappa totius mundi terrestris in bina magna hœmisphœria, quarum diameter quinque pedum, divisa.* Cette mappe-monde est arrangée de manière à ce que l'Empire chinois en occupe à-peu-près le milieu. Le P. Verbiest a donné a cette carte le nom de : *Orbis terrarum universalis mappa Cam-Hi, secundum solis dimensionem traducta in compendium.* La carte est ornée d'animaux souvent inconnus aux Chinois et gravés à-peu-près dans les contours des pays où ils vivent. A chaque royaume sont marquées la distance de ce pays à la Chine, la force, la richesse, la forme gouvernementale. Comme les Chinois n'ont pas toutes nos lettres, le P. Verbiest a été forcé de prendre, pour désigner les villes et les royaumes, des syllabes qui avaient quelque rapport avec celles qui leur manquent; ainsi il exprime Roma par Lo-Ma, Prussia par Pe-Lu-Sy-Ya, et il a eu soin dans le choix de ces lettres que leur assemblage indiqua un peu le caractère du pays; ainsi Suecia est écrit Siue-Ci-Ya et ces mots signifient Nivis Gubernium. Russia, Lu-Sy-Ya; iter occidentale.

Les mots chinois par lesquels il marque la France, n'expriment rien de trop honorable, soit que Verbiest l'ait fait volontairement, ou que la chose soit due au hasard, Fe-Lam-Cy-Ya signifie : *Muliebriter et serviliter sese opponere viris dominisque suis, deinde tamen ad resipiscentiam compelli.* Le sens de ces mots est si étrange, qu'il est très-probable qu'il n'y a eu aucune intention dans leur choix; les jésuites français, qui en furent choqués, les remplacèrent par ces mots : Fè-Lam-Ci-Ya, ce qui signifiait que la France était : *Lex et regula virorum cum magna majestate et gravitate conjuncta.*

25. Qɴᴇɴ-Yɴ-Tᴏ-Xɪɴ-Eᴜʟʜ-Kɪᴠᴇɴ. Orbis terræ tabulæ seu globi terrestris explicatio, duobus libris.

Couplet : *Explicatio mappœ cosmographicœ majoris delineatœ ex mandato imperatoris, 2 vol.* C'est le livre que M. Abel Remusat, art. *Verbiest,* Biogr. univ., nomme mappe-monde ou planisphère terrestre, dont il existe plusieurs éditions en formats différents (l'un de 66 p⁰ sur 58 p⁰), et auquel doivent se joindre deux livres d'explications. Il se trouve à la bibliothèque royale de Paris.

26. Kɪᴇɴ-Pɪᴍ-Qᴜᴇɪ-Çᴜʜ-Sɪᴍ-Tᴏ. Folium planum directivum universarum stellarum; tabula.

A la bibliothèque royale de Paris.

27. Che-T'ao-Nan-Pe-Sim-Tu. Æquatoris, atque australium septemtrionaliumque syderum tabula.

Couplet, *Triplicis generis mappæ stellarum.* A la bibliothèque royale de Paris.

28. Nièn-Ki-Xin-Ye-Kiven. Thermometrorum ingeniosæ inventionis elucidatio unicus libellus.

Couplet l'appelle *De usu thermometriæ.* Voir *Astronomia perpetua* p. 95. Dans son *Astronomia Europæa.* Dilingæ, chap. XXV, p. 95, le P. Verbiest dit de cet ouvrage: « Primo postquam astronomia restituta est anno, imperatori obtuli thermostopium ejusque rationem et usum libello pariter oblato explicui. » Abel Remusat (Biographie univers. art. *Verbiest*) prétend que ce livre est un traité sur le baromètre et non sur le thermomètre, comme le dit Couplet. Il se trouve à la biblioth. royale de Paris.

29. Traité de la Fonte des Canons, et de leur usage.

Le P. Verbiest présenta cet ouvrage à l'Empereur, il contient 44 feuilles de figures nécessaires à l'intelligence de cet art et des instruments propres à pointer les canons, voir Duhalde, tome 3, p. 49.

30. Grammaire Tartare Mandchou, imprimée à Paris.

Presque tous ceux qui ont parlé du P. Verbiest lui attribuent une grammaire tartare, imprimée à Paris. J'ai fait de vains efforts pour la découvrir. M. Stanislas Julien ne la connait pas non plus. Il n'en existe que trois, composées par les anciens missionnaires, 1° celle du P. Amiot, inserée dans le 13° vol. des Mémoires des missionnaires de Pékin, 2° une manuscrite du P. Domenge, et une 3° qui se trouve dans Thevenot, et dont il n'indique pas l'auteur. C'est peut-être celle-là.

31. Voyages de l'Empereur de la Chine dans la Tartarie; auxquels on a joint une nouvelle découverte au Mexique (par le Père Verbiest). Paris, chez Michallet, 1685, petit in-12, Dictionn. des anonymes.

Ces voyages se trouvent aussi dans la Description de la Chine de Duhalde, IV, 74, 87, et dans le *Recueil des voyages au Nord.*

LETTRES.

1. LETTRE du 5 Juillet 1660.

Cette lettre se trouve dans *Kerkelyke historie, door Cornelius Hazart, S. J., Antwerpen*, in-fol. I Vol., VII Deel, VI Cap., p. 242. Elle parle de son rappel à la cour et elle décrit les honneurs qu'il a dù subir en chemin.

2. EPISTOLA P. Ferdinandi Verbiest ex Pequino ad P. Gruberum data in Sigan-Fu commorantem.

Le P. Verbiest y parle de cette fameuse cloche de Pékin et la compare à celle d'Erfurt. *China illustrata*, R. P. Kercheri, p. 223.

3. EPISTOLA ad Rev. in Chr^{to}. Patrem Provincialem Provinciæ Flandro-Belgicæ soc. Jesu. Pekini 3 septembris 1667.

Cette lettre est écrite de sa prison, elle respire la piété la plus solide et un courage héroïque. C'est de cette lettre, dont l'original repose dans les archives générales du royaume de Belgique, que j'ai fait prendre le fac-simile joint à cette notice.

4. EPISTOLA R. P. Ferdinandi Verbiest, vice provincialis Missionis Sinensis, Societatis Jesu, anno 1678, 15 augusti, ex curia Pekinensi in Europam ad socios missa.

Cette lettre, imprimée en latin à Pékin, sur papier de chine, existe à la bibliothèque Royale de Bruxelles, section des mms. Elle fut réimprimée en Europe in-4° sans nom d'imprimeur ni lieu, et ensuite traduite en français et imprimée à Paris, 1682, in-12.

5. EPISTOLA R. P. Ferdinandi Verbiest, Flandro-belgæ soc. Jesu ad ser. Lusitaniæ regem Alphonsum VI, Pekino 7 sept. 1678.

Une copie de cette lettre se trouve aux archives générales du royaume et à la bibliothèque royale, N° 16693. Elle a été imprimée en Europe, in-4°. Le P. Verbiest y remercie le Roi de Portugal pour les immenses bienfaits que la religion lui doit.

3. COPIA EPISTOLÆ scriptæ linguâ hispanicâ a P. Ferdinando

Verbiest, societatis Jesu, ad ill. et rever. D. Gregorium De Lopez ex Pekino, die 15 januarii 1683.

Il existe une copie de cette lettre aux archives du royaume et à la bibliothèque royale, écrite par la même main. Cette lettre traite du serment qu'exigeaient les légats. Elle est très-curieuse pour l'histoire des troubles qui ont agité cette célèbre mission, surtout après la mort du P. Verbiest.

7. **Epistola R. P. Ferdinandi Verbiest, 4 octobr. 1683.**

C'est la relation du voyage que fit l'Empereur, l'année 1683, en Tartarie; elle se trouve aux archives générales du royaume. La traduction en a paru à Paris.

Approbation.

J'ai lu avec un sensible plaisir la Notice biographique sur le Père F. Verbiest, par l'Abbé C. Carton. Cette Notice, qui ne renferme rien de contraire à la foi ou aux bonnes mœurs, contient sur ce célèbre missionnaire plusieurs particularités inconnues jusqu'ici au public, et qui font le plus grand honneur à la Patrie qui l'a vu naître, à la Religion qui a inspiré ces nobles sentiments, ainsiqu'à la Société qui a su les cultiver et les développer avec tant d'avantage.

Bruges, le 2 Octobre 1839.

L. VANDERGHOTE, Chan. Théol.
et Censeur des Livres.

PUBLICATIONS

DE LA SOCIÉTÉ D'ÉMULATION POUR L'HISTOIRE ET LES ANTIQUITÉS
DE LA FLANDRE OCCIDENTALE.

Tirées à 75 Exemplaires pour le Commerce.

CRONICA

Abbatum Monasterii de Dunis,

PER FRATREM ADRIANUM EUT.

Prix 7 Francs.

ANNALES

De la Société d'Emulation,

Prix d'une année 10 Francs.

vvvvvvv

AUTRES PUBLICATIONS.

LE SOURD-MUET ET L'AVEUGLE. Journal trimestriel, par l'Abbé C. Carton, Directeur de l'institut des sourds-muets et des aveugles de Bruges.
> *Prix d'une année 5 Francs.*

NOTICE sur l'Aveugle Sourde-Muette élève de l'Institut des Sourds-muets et des Aveugles de Bruges. Par l'abbé C. Carton.   1 Fr.

CHRONIQUE DE L'ABBAYE DE ST-ANDRÉ, d'après le manuscrit de la Bibliothèque de Bruges, suivie de Mélanges historiques et littéraires, par O. Delepierre.   3 Fr.

ANNALES DE BRUGES, depuis les temps les plus reculés, jusqu'au xvii° siècle. Avec 44 Lithographies. Par J. O. Delepierre.   9 Fr.

FLORE DE LA FLANDRE-OCCIDENTALE, ou plantes phanérogames indigènes et les plus cultivées de cette province, avec leur usage, le temps de leur floraison et les lieux où on les trouve le plus communément. Par E. Van de Vyvere.

www.ingramcontent.com/pod-product-compliance
Lightning Source LLC
Chambersburg PA
CBHW051552050726
47595CB00002B/744